A*t*V AUFBAU THEMA

THOMAS MEYER, geboren 1943. Studium der Philosophie und Politik bei Adorno, Horkheimer, Habermas und Fetscher in Frankfurt am Main. Professor für Politikwissenschaft an der Universität Dortmund. Zahlreiche Auslandsaufenthalte für Lehre und Forschung, u. a. in Indien 1989 bis 1991.

Forschungen und zahlreiche Aufsätze und Buchpublikationen über Sozialismus, Kultur und Politik, Politische Kommunikation, u. a.: »Fundamentalismus. Aufstand gegen die Moderne« 1989, »Was bleibt vom Sozialismus?« 1990, »Die Transformation des Politischen« 1994.

Thomas Meyer

Identitäts-Wahn

Die Politisierung
des kulturellen Unterschieds

Aufbau Taschenbuch Verlag

Herausgegeben von Wilhelm von Sternburg

Mit 11 Tabellen und 2 Grafiken

ISBN 3-7466-8516-8

2. Auflage 1998
© Aufbau Taschenbuch Verlag GmbH, Berlin 1997
Umschlaggestaltung Preuße/Hülpüsch Grafik Design
unter Verwendung des Fotos »Multikulturelles Leben in Kreuzberg,
Oranienstraße, deutsch-türkisches Publikum in einer
Straßenkneipe« von Henry Herrmann, Ullstein Bilderdienst
Satz LVD GmbH, Berlin
Druck Elsnerdruck GmbH, Berlin
Printed in Germany

Für Susanne Miller
in Freundschaft

Inhalt

Vorwort

Es ist wohl so, daß wir ohne Feindbilder nicht leben können. Seit dem Ende des Kalten Krieges blickt der Westen mit zunehmenden Ängsten auf ein politisches Phänomen, das unter dem Sammelbegriff »Fundamentalismus« die Schlagzeilen der Medien beherrscht. Wie immer, wenn sich Information und Ideologie vermischen, entsteht auch in diesem Zusammenhang ein undifferenziertes, von Zügen der Hysterie begleitetes Bild der Welt. Wo über Jahrzehnte der Entscheidungskampf der Systeme stand – im Grunde seit der Französischen Revolution in den westlichen Gesellschaften zwei unversöhnliche Lager gegenüberstanden –, tritt nun in den politischen Denkkategorien die »epochale Auseinandersetzung« der Weltkulturen.

Die Nachrichten, die uns nahezu jeden Tag erreichen, sind in der Tat erschreckend: Mit einem kaum faßbaren Fanatismus und einer ungezügelten Brutalität tragen die radikalen Anhänger religiöser, politischer oder ethnischer Gruppierungen Tod und Verderben in die von ihnen bekämpften Gesellschaften hinein. Der Fundamentalismus in Nahost, in Algerien, in Indien, in Ruanda oder in den Ländern des ehemaligen Jugoslawien trifft Unschuldige, Frauen und Kinder gleichermaßen, der Zufall wählt die Opfer aus. Nur das Ziel ist präzise auszumachen: Mit den Mitteln des Terrors versuchen die Bannerträger der kulturellen oder rassistischen »Wahrheitslehren« die politisch-theologische Herrschaft über Völker, Stämme oder Nationen zu erringen. In einigen Staaten hat der Fundamentalismus bereits die Gesellschaft überwältigt, die Diktatur der Mullahs im Iran ist das vielleicht herausragendste Beispiel für eine solche Situation.

Fundamentalistische Ideologien sind kein Phänomen des 20. Jahrhunderts. Sie haben den Kampf der Klassen und Ethnien um politische und ökonomische Macht immer begleitet. Der Sieger stürzte stets die Götter der Besiegten, die christliche Missionierung war letztlich nur ein Aushängeschild der europäischen Welteroberung, im Namen der »Tugend« rollten die Köpfe in den Korb unter der Guillotine, und der Imperialismus bedeckte sich mit einem sehr löchrigen zivilisatorischen Mäntelchen. Die grauenhaften Auswüchse des Nationalsozialismus oder des Stalinismus, die unser Jahrhundert in die Katastrophe führten, basierten auf fundamentalistischen Glaubensgrundsätzen, die zu einer perversen Umwertung aller Werte führten. Rasse, Volksgemeinschaft, Klasse wurden zu zentralen Begriffen moderner Ersatzreligionen und errangen zeitweise einen überragenden und unheilvollen Einfluß auf die Massen.

Der Fundamentalismus ist immer doktrinär, er zeichnet sich durch Intoleranz und Menschenverachtung aus. Seine Anhänger betrachten die Welt eindimensional. Für sie gibt es nur die eine, alleinseligmachende Wahrheit. Der Zweck heiligt die Mittel, die sie zur Machteroberung anwenden. Keineswegs immer, aber sehr häufig steht hinter den Verführungstheorien ein politischer Machtanspruch. Seine Teufelskünste sind so wirkungsvoll, weil seine Thesen innerhalb der Anhängerschaft der Diskussion entzogen sind. Nicht der Beweis, sondern der Glaube ist der kategorische Imperativ des Fundamentalismus.

Seine »Lehren« werden nicht mit der gesellschaftlichen Wirklichkeit konfrontiert, sondern sie appellieren an die metaphysische Dimension menschlichen Denkens. Wenn Kämpfer der algerischen Heilsfront in die Dörfer einbrechen und auch Kleinstkindern die Kehle durchschneiden, wenn palästinensische Selbstmordkommandos auf den Marktplätzen ihre Bomben explodieren lassen, wenn radikal-orthodoxe Juden Massaker unter betenden Moslems anrichten, wenn amerikanische Sektenführer ihre Anhänger zum Massenselbstmord treiben, dann handeln sie alle nicht anders als einst die heilige Inquisition, die im Namen des Gekreuzigten den angeblichen Ketzer oder die verleumdete »Hexe« unter fürchterlichsten Folterqualen zum rechten Glauben führen wollte.

Keine Kultur ist frei von fundamentalistischen Zügen. Die großen Weltreligionen beispielsweise basieren auf sehr vergleichbaren moralischen Grundsätzen. Nächstenliebe, Barmherzigkeit, Streben nach Weisheit sind im Islam, im Christentum, im Judentum, im Buddhismus oder im Hinduismus zentrale Begriffe, und sie bilden den Verhaltenskanon, den ihre Gründer und Propheten überliefert haben. Und doch haben alle diese Religionen in den Jahrhunderten ihres Bestehens die »heiligen« Lehren mißbraucht, sie machtpolitisch instrumentalisiert und ihre Gemeinden immer wieder zu fanatischen Kreuzzügen gegen die Andersgläubigen aufgerufen. Ähnliches gilt für die weltlichen Ideologien, die im Fortgang der Geschichte die Rolle der Religionen übernahmen.

Der heutige Fundamentalismus speist sich aus den Modernisierungskrisen, die alle Kulturen am Ende unseres Jahrhunderts erleben. Er ist keineswegs auf den Islam, die Ausrottungsideologien afrikanischer Ethnien oder den indischen Hinduismus berschränkt, wie unsere Medien und die westliche Politikelite es suggerieren. Die baskische ETA, die irischen Extremisten in der IRA und den Oranierbünden von Ulster, die Massaker in Bosnien oder die fundamentalistischen Gebärden der amerikanischen Fernsehprediger zeigen, daß es sich hier um ein die Kulturen übergreifendes Phänomen handelt. Identitäts-Krisen werden zum mörderischen Identitäts-Wahn.

Hinter ihm verbirgt sich – wie so häufig in der Menschheitsgeschichte – eine soziale Dimension, die von den »Führern« in den religiösen oder ethnischen Fanatismus umgeleitet wird, der dann vor keinen Opfern, vor keiner Untat zurückschreckt. Weltweit wachsende Armut vermischt sich auf verhängnisvolle Weise mit dem Modernisierungsschock, den nahezu alle Völker und Erdenregionen erleiden. Fundamentalismus ist nicht das Kennzeichen dieser oder jener Kultur, sondern er entsteht in den Nischen aller Gesellschaften. Welche Stärke er erreicht, hängt entscheidend von dem sozialen Hintergrund, der mentalen Entwicklung, den überkommenen, traditionellen Herrschaftsverhältnissen des jeweiligen Staates ab. Die unübersehbaren gemeinsamen Wurzeln der großen Weltkulturen werden vom Fundamentalismus ebenso geleugnet wie von der interessengeleiteten Thematisierung seiner Auswirkungen durch die westlichen Meinungsträger. Es gibt nicht »die« islamische, »die« jüdische oder »die« hinduistische Kultur. Sie alle sind durch unzählige, innerhalb des jeweiligen Kulturkreises häufig konkurrierende Schattierungen gekennzeichnet.

Thomas Meyer entwirft in seinem Essay über den modernen Identitäts-Wahn ein sehr differenziertes Bild des Fundamentalismus. Die schlichte These vom alles entscheidenden Endkampf der Kulturen, die in der westlichen Publizistik und Politikwissenschaft zunehmend popularisiert wird, hält, wie Meyer überzeugend zeigt, der Wirklichkeit nicht stand. Seine Untersuchung ist also auch eine Warnung an die Politik, nicht durch unzulässige Vereinfachungen neue Feindbilder zu schaffen. Der weltweit verbreitete Fundamentalismus ist eine bedrohliche Tatsache. Es wäre jedoch fatal und gefährlich, wenn die Wirtschaftsinteressen Amerikas und Europas erneut dazu führen würden, ihn einäugig zu interpretieren.

Wilhelm von Sternburg

Streiflichter

In Bombay, einer Metropole, die Gemeinschaften nahezu aller Religionen der Welt beherbergt, fanden gegen Ende des Jahres 1992 innerhalb einer einzigen Woche 1 400 Menschen einen gewaltsamen Tod.[1] Sie waren alle Muslime. Die Massaker, in denen sie umkamen, seien die Folge langewährender religiöser Spannungen, berichteten die Medien in aller Welt. Ihnen schien das Phänomen hinreichend geklärt. Geraume Zeit nach dem Massaker begannen Muslime, Bomben an vornehmlich von Hindus besuchten Orten der übervölkerten Metropole zu legen.

Der Vorgang galt nicht als Überraschung, da schon seit Monaten von vielen Orten des Subkontinents über wachsende Spannungen zwischen der hinduistischen Bevölkerungsmehrheit und der Minderheit der Muslime, die überall im Lande unter ihnen leben, berichtet worden war. In einer Zeit, da aus vielen Weltgegenden von Spannungen und Kriegen zwischen Religionsgruppen zu hören ist, erscheint dem Publikum, das meinen die Medien voraussetzen zu dürfen, die bloße Nachbarschaft zwischen den Angehörigen unterschiedlicher Religonen wie eine vollkommene Erklärung ihres Zusammenstoßes.

Wer Bombay kennt, mochte sich fragen, warum nicht auch Parsen oder Christen übereinander hergefallen oder das Opfer der Überfälle Anderer geworden sind, und vor allem, warum den Zusammenstößen, über die berichtet wurde, keine Hindus zum Opfer gefallen waren. Schon die allerersten Nachfragen offenbarten, daß der Vorfall einer differenzierten Klärung bedurfte.

Nicht lange nach dem verheerenden Blutbad wurden sorgfältige Untersuchungen über die Abläufe und ihre Ursachen vorgelegt, die auf Erkundungen vor Ort beruhten. Das Ergebnis war eindeutig. Nirgends in den Straßen der Metropole, in denen sich das Leben der unterschiedlichen Religionsgemeinschaften immerzu berührt, ja überlagert, waren Nachbarn plötzlich übereinander hergefallen. Vielmehr waren zahlreiche instruierte Provokateure von außen eingedrungen, hatten Tod und Verderben hineingetragen und damit die Verfeindung in Gang gesetzt, zu der die verschiedenen Nachbarn selbst so lange keinen Anlaß gesehen hatten. Zu Fehden zwischen ihnen kam es dann, wo überhaupt, erst in zweiter oder dritter Runde, wenn Wut und Schmerz überhandnahmen und die Verhältnisse gänzlich unübersichtlich geworden waren. Dann konnten auch die Auftraggeber der Provokationen befriedigt ihre Bilanz ziehen. Die Verfeindung der Kulturen setzte eine politische Mobilisierung in Gang, die Macht und Einfluß der radikalsten Repräsentanten der Mehrheitskultur mehrte und festigte, deren Gefolgschaft zusammenschweißte und die politischen Probleme des Gemeinwesens, auf die es im Interesse aller eigentlich angekommen wäre, von der Tagesordnung verdrängte.

Dieser Bericht ist nur ein Beispiel. Ähnliche Konstellationen wären, wo kulturelle Unterschiede zu Feindschaften werden, häufig so oder ähnlich zu beobachten ... Er trifft im ganzen gesehen gewiß eher die Dynamik des Geschehens als die tagesaktuelle Oberflächensicht der Medien oder die interessierte Deutung derer, die mit der Politisierung des kulturellen Unterschieds kalkulieren.

Die Geburt einer Ideologie

Der böse Blick auf eine neue Erfahrung

Die Ereignisse von Bombay waren nur ein Glied in einer längeren Kette ähnlicher Vorkommnisse in weit entfernten Weltregionen, die außer dem nicht ungewöhnlichen Sachverhalt, daß in ihnen Angehörige unterschiedlicher Religionen und Kulturen eine Lebenswelt teilen, wenig verbindet. Die großen Konflikte im Namen von Klassen und Ideologien, die bis zum Zusammenbruch des Sowjetreichs die Aufmerksamkeit der Weltöffentlichkeit gebannt und ihre Ängste genährt hatten, galten seit 1989 als vergangen. Eine andere Logik bestimmte von nun an offenbar den Verlauf der aktuellen Geschichte, wenn es auch nach dem Ende des ideologischen Weltkonflikts nicht zum Ende der Verfeindung und des Zusammenstoßes von Gruppen, Gemeinschaften und ganzen Gesellschaften kommen wollte.

Sarajevo ist in Europa zum Symbol für das geworden, was diese andere Logik der Verfeindung zu bedeuten scheint. Es hat nicht lange gedauert, bis sie Deuter fand, die sie zum starren Schematismus einer globalen Welterklärung machten, die von nun an gültig sein sollte. Sie möchten aus der Eindrücklichkeit des gegenwärtigen Schreckens die Plausibilität für einen großen Erklärungsanspruch gewinnen, der wenig Raum für Vernunft und Hoffnung ließe, wenn er stichhaltig wäre.

Das politische 21. Jahrhundert, das mit diesen Ereignissen symbolisch schon begonnen hat, werde das Zeitalter eines unausweichlichen Zusammenstoßes der Kulturen der Welt sein, weil sie sich über die Schranken ihrer divergenten Weltdeutungen hinweg in den Kernfragen, um die es beim Zusammenleben der Menschen letztlich immer geht, prinzipiell nicht verständigen können. Sie geraten nach dieser Deutung erst am Ende unseres Jahrhunderts in eine solch aussichtslose Lage, weil sie nun – nach dem Zusammenbruch der großen, kulturüberwölbenden Ideologien – einander erstmals ganz nackt gegenüberstehen. Dieses, im Blick auf die Greuel, die anscheinend ganze Völker im zerfallenden Jugoslawien einander zufügen, plausible, im Blick auf die Zukunft der Welt im ganzen gleichermaßen trostlose Szenario hat der amerikanische Politikwissenschaftler und Präsidentenberater Samuel Huntington im Sommer 1993 in einem kurzen Aufsatz entworfen, der seither zum Paradigma einer neuen Weltsicht geworden ist und in aller Welt Furore macht: in Redaktionsstuben und Seminaren ebenso wie in Planungsstäben, politischen Beraterrunden und in den Köpfen von Regierenden, die sich davon politischen Nutzen erhoffen. Die Resonanz, die der Text in vielen Teilen der Welt erfuhr, kann nicht allein von ihm selber ausgegangen sein. Stimmungen, Irritationen, Befürchtungen und die Hoffnung auf günstige Gelegenheiten, das Prophezeite zum eigenen Vorteil zu nutzen, sind ihr in beträchtlichem Ausmaß entgegengekommen.

Das 21. Jahrhundert wird nach dieser Sicht zur Arena von Kulturkämpfen werden – bis hin zum keineswegs unwahrscheinlichen Kulminationspunkt eines großen Weltkriegs als Entscheidungsschlacht zwischen kulturellen Herrschaftsansprüchen, denen ihrem Wesen nach die Chance zur Verständigung auf immer verwehrt sei.[2] Die Welt wird zur Beute eines in allen Kulturen die Macht ergreifenden Fundamentalismus. Die Kulturen können in dieser Sicht einander um so weniger verstehen und verständigen, je mehr sie sich in ihrer Unterschiedlichkeit erkennen müssen, frei von allen Überresten ideologischer Schminke und dem Schutz geographischer Distanz. Dem Krieg der Ideologien folgt nun der Krieg der Kulturen, auch er ein kalter zu Beginn, der aber schneller in einen heißen übergehen könnte, als die ahnungslose Welt erwartet.

Dieses Modell einer zur immerwährenden Friedlosigkeit verurteilten Welt der Moderne, von höchster Warte im intellektuell-politischen Einflußgefüge der entscheidenden Weltmacht lanciert und auch darum in vielfältigen Nuancen der Zustimmung und Ablehnung rund um den Globus aufgenommen, hat alle Aussicht, die Wirklichkeit zu prägen, und zwar auch dann, wenn sein sachlicher Kern ganz unwahr ist. Denn viele beginnen zu handeln, als träfe das Modell zu, jeder wähnt sich gut beraten, mit der in ihm beschriebenen Wirklichkeit zu rechnen, auch weil die Anderen sich gleichfalls entsprechend der Prognosen verhalten.

Sieben Kulturen seien weltweit miteinander konfrontiert: der *Westen*, der *Islam*, der *Konfuzianismus* (bzw. *Sinismus*), die *japanische* Zivilisation, der *Hinduismus*, die *orthodox-slawische* Zivilisation, *Lateinamerika* und *Afrika*. So wie im 18. Jahrhundert die Fürsten, im 19. die Nationen und im 20. die Ideologien, so werden, unvermeidlich und unversöhnbar, im anbrechenden Jahrhundert diese Kulturen zwischen den Mächten, die für sie stehen, und im Inneren der Gesellschaften, in denen sie durch die Migrationsbewegungen des Jahrhunderts zu Nachbarn geworden sind, zusammenstoßen. Die Zukunft erscheint also düster angesichts der kulturellen Vielfalt, in der sich die Menschengattung auf Erden zeigt. Der Westen, das ist der dringende Appell, in den das ganze Argument rasch einmündet, ist infolgedessen gut beraten, sich nach Kräften zu rüsten und zu wappnen, um sich wenigstens mit Gewalt zu behaupten, wo Verständigung doch ausgeschlossen scheint.

Die *Deutungskultur* der Intellektuellen unterscheidet sich in allen Kulturen von der *Sozialkultur*, von den Deutungen der Welt, die das Alltagsleben der Menschen bestimmen, ihr

Handeln wirklich beherrschen und damit am Ende auch über Krieg oder Frieden entscheiden. Diese hartnäckige Differenz erscheint der aufklärerischen Absicht oft als Ärgernis und häufig als die Last, die Hoffnungen auf einen großen Fortschritt unter sich begräbt. Sie kann aber auch zum Faustpfand der Hoffnung werden, da das Leben der Menschen anderen Gesetzmäßigkeiten folgt, als die Theoretiker, die in ihrem Namen sprechen, in ihren Debatten annehmen.

Das Kulturkampf-Szenario Huntingtons zeigt beim näheren Hinsehen alle klassischen Merkmale eben jener verführerischen Ideologien, deren Ende es eigentlich verkünden will. Es greift nach Maßgabe der eigenen Interessen einige Fakten aus der Welt der wirklichen Ereignisse auf, fügt sie zu einer abschließenden Erklärung des Geschehens im ganzen zusammen und läßt beiseite, was in dieses absichtsvolle Bild der Zeit nicht von selber passen will. So zugerichtet, kann es dann zur Rechtfertigung von Vormachts- und Herrschaftsinteressen dienen, die bei einem fairen und unbefangenen Blick auf die Welt nichts Überzeugendes für sich ins Feld führen könnten.

Die Politik kultureller Identität

Die Kultur der Moderne ist im Kern eine Kultur des Umgangs mit Differenzen. Sie ist im 17. und 18. Jahrhundert aus der viel älteren »Kultur des Westens« hervorgegangen, unterscheidet sich von dieser aber in ihrem Anspruch, ihren Grundwerten und Institutionen prinzipiell. Die Kultur der Moderne ist nicht »der Westen«. In diesem prinzipiellen Unterschied und nicht in ihrer westlichen Vorgeschichte gründet der universelle Anspruch, der sich mit ihren grundlegenden Normen verbindet. Die »Kultur des Westens« hatte sich schon seit dem 8. und 9. Jahrhundert in Europa entfaltet. Sie erwuchs aus dem Boden der Klassik und der christlichen Religion und bildete in frühen

Ansätzen besondere gesellschaftliche, kulturelle und politische Institutionen aus, die ihre Eigenart prägten. Zu ihnen gehörten ein gewisses Maß an Rechtlichkeit, Trennung von geistlicher und weltlicher Macht, Vielfalt gesellschaftlicher Gruppen, die Ausbildung politisch-gesellschaftlicher Repräsentativorgane und eine in der christlichen Religion selbst angelegte Vorform des Individualismus. Diese Bausteine fügten sich freilich bis zum Durchbruch der modernen Kultur im gesamten Mittelalter zu einem rigiden gesellschaftlich-politischen System, in dem die absoluten Gewißheitsansprüche der Religion allen Einzelnen und Gruppen, der Gesellschaft und dem Staat, dem Wirtschaftsleben und der Kultur ihre Rolle, ihre Spielräume und einen Endzweck zumaßen, der sie im großen Vergleich strukturell den anderen Kulturen der Welt ähnlicher erscheinen läßt als der Kultur der Moderne, die nach vielen Jahrhunderten allmählich aus ihr hervorgegangen ist.

Erst als die absoluten Gewißheiten zerbrachen, auf denen sie beruht hatte, und nach und nach in allen Bereichen der Gesellschaft widerstreitende Alternativen an die Stelle der überlieferten Traditionen traten, änderte diese Kultur mit ihrem inneren Funktionssinn ihr ganzes Wesen. Sie mußte nun statt der Sicherheiten der Überlieferung die Allgegenwart von Differenzen in der Auffassung des Gleichen anerkennen und um des eigenen Überlebens willen Normen begründen, die dennoch den Gemeinschaftsfrieden, das Zusammenleben aller und den Zusammenhang des Ganzen zu wahren vermochten, nachdem die religiösen Bürgerkriege vor Augen geführt hatten, welche Folgen sonst drohten. Das und nicht die Elemente der »westlichen« Tradition, über die sie hinausgegangen ist, und schon gar nicht der sogenannte »westliche Lebensstil« eines sinnvergessenen Konsumismus, der sich heute keineswegs allein im Westen ausbreitet, ist der generative Kern der Kultur der Moderne. Sie hebt die besonderen kulturellen Identitäten nicht auf, sondern schafft den Spielraum, in dem sie sich miteinander entfalten können.

Diese Kultur ist reflexiv, denn sie besinnt sich auf die Legitimität prinzipieller Unterschiede in der Fortschreibung überlieferter Deutungen gesellschaftlicher Ordnung, privater Lebensweisen und persönlicher Glaubensüberzeugungen, wenn einheitliche Antworten auf diese Lebensfragen sich nicht länger zwanglos ergeben. Sie ist eine *Rahmenkultur* für unterschiedliche Lebensweisen und Weltsichten, aber nicht selbst eine besondere Lebensweise. *Im Maße, wie daher in den Kulturen der Welt Differenzen die Aktualisierung der Überlieferung bestimmen, gewinnen die Normen der modernen Kultur auch für sie an Bedeutung.* Das heißt freilich nicht, daß diese automatisch überall auf der Welt Geltung erlangen müßte, aber sie wird in ihren grundlegenden Normen überall zu einem Schlüsselthema auf der politischen Tagesordnung.

Die Tage einer mit Aussicht auf Massenerfolg betriebenen Politisierung kultureller Unterschiede schienen daher gezählt, seit die Kultur der Moderne einen besseren Weg des Umgangs mit ihnen geebnet hatte. Nun erlebt seit den siebziger Jahren unseres Jahrhunderts die politische Instrumentalisierung kultureller Unterschiede in allen Teilen der Welt eine ebenso unverhoffte wie machtvolle Renaissance.[3] Sie gewinnt aus dem Verlust der utopischen Energien des modernen Fortschrittsmodells ihren eigenen Antrieb. Der Zusammenbruch des Kommunismus als Gegenmacht und als Verheißung verleiht ihr Schubkraft. Dieser Befund ist nicht die Frucht spekulativer Kulturskepsis. Eine umfassende Überblicksstudie mit vierzehn empirischen Fallanalysen für sieben unterschiedliche Kulturkreise aus fünf Kontinenten hat vielmehr gezeigt, daß sprachliche, religiöse, ethnische und kulturelle Unterschiede *in allen* Kulturkreisen in verfeindender Absicht politisiert und gegeneinander ausgespielt werden.[4]

Als beispielloses Erfolgsrezept der Politisierung kultureller Differenz erweist sich am Ende des 20. Jahrhunderts in allen Kulturen der moderne *Fundamentalismus*, auch wenn er an den unterschiedlichen Schauplätzen, wo er zur Macht wird, ebenso verschiedenartige Gesichter zeigt wie die Modernisierung selbst, gegen die er revoltiert.

Deutlicher denn je sind nach dem Ende des Ost-West-Konflikts tatsächlich die unterschiedlichen kulturellen Muster als Grundwerte und als Lebensformen, als kollektive Prägungen und als Erwartungen sichtbar geworden. Dieser an sich kaum spektakuläre Tatbestand wird nun seinerseits zum Objekt zweckgerichteter Überhöhungen und politischer Indienstnahme, kaum daß er sich in den wenigen Jahren nach dem Ende des ideologischen Zeitalters dem öffentlichen Bewußtsein halbwegs einprägen konnte. Teils in politischer Absicht fabriziert, teils in Erkenntnisabsicht überpointiert, teils von desorientierten Öffentlichkeiten mit dem wohligen Schauder der sicheren Distanz zum großen Unglück aufgesogen, scheinen kulturelles Selbstbewußtsein und mit ihm das Bewußtsein kultureller Differenz fürs erste das Erbe der großen ideologischen Konfrontation anzutreten, die das 20. Jahrhundert beherrscht hatte.

Den protestantischen Fundamentalismus in den USA, den Hindu-Fundamentalismus in Indien, den evangelikalen Fundamentalismus in Guatemala, den jüdischen Fundamentalismus in Israel, den buddhistischen Fundamentalismus in Sri Lanka, den islamischen Fundamentalismus im Iran oder in Algerien, den konfuzianischen Fundamentalismus in Südasien, den römisch-katholischen Fundamentalismus in Europa und den USA, um in den maßgeblichsten Fällen die unbegrenzte kulturelle Bandbreite sichtbar zu machen, trennen im Inhalt ihrer Lehre, in der Lebensweise der Menschen, die ihnen zugehören, und in der Gestalt der sozialen und politischen Ziele, die sie verfolgen, Welten, so wie es ihre Verwurzelung in höchst unterschiedlichen Kulturen erwarten läßt. Mehr aber als alles Trennende verbindet sie derselbe Stil des verfeindenden Umgangs mit kulturellen Unterschieden, eine Strategie vormachtorientierter Politisierung der eigenen

Kultur gegen die Kultur der Anderen, der Anderen im Inneren ihrer eigenen Gesellschaften und außerhalb. Kulturelles Selbstbewußtsein wird zum Hebel für politische Verfeindung um der Macht willen.

Eine für das Ende des 20. Jahrhunderts höchst merkwürdige Naturalisierung des Verständnisses von Kultur selbst ebnet diesem Prozeß der Rückkehr eines Freund-Feind-Denkens durch die kulturelle Hintertür in die Mitte der politischen Arena den Weg, als wären Kulturen und die Zugehörigkeit der einzelnen Menschen zu ihnen so definitiv und so unverbrüchlich wie die Zugehörigkeit von Lebewesen zu ihren biologischen Gattungen und Arten. Diese Strategie eines »kulturellen Rassismus«[5] steht in vollständigem Gegensatz zu dem, was heute für die politische Lösung der Überlebensprobleme der Menschheit – die Sicherung des Friedens, die Bewahrung der natürlichen Lebensgrundlagen, die wirtschaftliche Zusammenarbeit – geboten wäre, nämlich globale Kooperation über alle Unterschiede von Traditionen, Kulturen, Religionen und Regionen hinweg. Und sie steht ebenso in vollständigem Gegensatz zu einer globalen Wirklichkeit, in der sich die Kulturen längst wie Flüssigkeiten mischen und nicht mehr nur äußerlich aneinanderstoßen können.

Eine Erinnerung, die schon am Ende des Zweiten Weltkrieges nach den Massakern der Völker und angesichts der sich abzeichnenden Globalisierung der Weltgesellschaft weitsichtigen Beobachtern an der Zeit schien, verdient unter diesen Umständen nachhaltige Belebung. Eine funktionsfähige internationale Ordnung bedarf wie jede einzelne Gesellschaft, wenn auch nicht in den gleichen Dimensionen, einiger gemeinsamer Werte und Normen.[6] Die Möglichkeit solch elementarer Gemeinsamkeiten ist freilich keine überraschende Entdeckung, denn die Lebensbedingungen der Menschen in den unterschiedlichen Kulturen der Welt sind ja keineswegs in jeglicher Hinsicht nur unvergleichbar. Gemeinsamkeiten und Ähnlichkeiten liegen indessen kaum irgendwo auf der Hand. Es bedarf zielbewußter Anstrengung, damit diejenigen Elemente in unterschiedlichen Kulturen erkannt, entfaltet und einander nahegebracht werden können, die Verständigung und gemeinsames Handeln ermöglichen, zumal sie so gut wie immer in unterschiedlichen Formen ihren Ausdruck finden.

Wenn hingegen kulturelle Unterschiede in verfeindender Absicht politisiert werden, die in freundlicher Lesart gerade die Grundlage einer kulturübergreifenden Politik der Verständigung über das sein können, was den Menschen in allen Kulturen gemeinsam ist, so sind, zumal in der Zeit, in der wir leben, nicht nur die Chancen eines guten Lebens innerhalb jeder Kultur bedroht, sondern am Ende auch die Grundlagen des Überlebens der menschlichen Zivilisation. Die Politisierung der kulturellen Differenz ist darum aufs Ganze gesehen ein selbstmörderisches Unterfangen für alle. Auch wenn sie im Einzelfall als erborgtes Lebenselixier für die Politik von Gruppen wirken mag, für Belange, die alle Menschen betreffen – die Schaffung von Arbeit, Gerechtigkeit, Sicherheit, gesunden Lebensverhältnisse, Bildung, Zukunft –, bietet sie keine Lösung.

McLuhans fast zum Klischee gewordenes Bild vom »Weltdorf«, auf das die Erde im Zeitalter entgrenzter Kommunikation und wildwuchernder globaler Verflechtungen zusammenschrumpft, ist uns so geläufig, daß wir selten seine beiden Seiten in ihrem inneren Zusammenhang sehen. »Weltdorf« heißt unter den gegebenen Bedingungen ja nicht lediglich, daß wir nun hierzulande und in fast allen anderen Teilen der Welt täglich hautnah und unmittelbar erfahren, erleben und vielleicht auch erleiden, was in den entlegensten Winkeln der Welt vor sich geht. Schon das bringt Irritation und Streß genug, zumal angesichts des lähmenden Mißverhältnisses zwischen dem *Zwang*, alles zu erfahren, und dem *Empfinden*, so gut wie nichts tun zu können. »Weltdorf« heißt in einer unvermeidlich globalen Migrationsgesellschaft eben auch, daß zu uns kommt und uns umgibt, was sich an kulturellen Differenzen und Widersprüchen, vertrackten Fragen und fixen Antworten in allen übrigen Teilen der Welt ergeben hat.

Weder die martialischen Fangzäune an den Südgrenzen der USA, noch das Schengener Abkommen und die Aushöhlung des Asylrechts in Europa können verhindern, daß sich so gut wie alle Kulturen dieser Welt nun auch in den Wohlstandsgesellschaften des Nordens ein Stelldichein geben und ihre je besonderen Identitätsansprüche geltend machen, sobald sie erst einmal halbwegs Fuß gefaßt haben. Mit welchem Recht wollte etwa jemand verbieten, daß sich die Minderheit der türkischen Muslime in Siegen-Weidenau, einem traditionellen Herzland des Pietismus im südlichen Westfalen, wenigstens dreimal täglich über phonstarke Lautsprecher zum Gebet rufen läßt, nachdem die Prüfung der Rechtslage ergeben hat, daß allein das »Landesimmissionsschutzgesetz« Einwände begründen könnte, aber nur im Hinblick auf die Lautstärke.[7] Solche Erfahrungen können je nachdem die kulturelle Neugier anregen oder das Andere, das überraschend und irritierend zum Nachbarn geworden ist, zum bedrohlichen Feind werden lassen, gegen den das »Eigene« besinnungslos mobilisiert werden muß.

Die Politisierung kultureller Unterschiede ist eine außenpolitische Gefahr und eine innenpolitische Versuchung. Beide Herausforderungen gehen in vielen Fällen wie von selbst ineinander über, so etwa in klassischer Klarheit in Südostasien, wo zwischen den Atommächten Pakistan und Indien dieselben kulturellen Differenzen das Außenverhältnis und die Binnenverhältnisse der Gesellschaften beherrschen und hier wie dort gleichermaßen zu Sprengsätzen werden, wenn sie erst einmal in verfeindender Absicht politisiert sind. Es ist gleichwohl so gut wie niemals die kulturelle Differenz selbst, die zum Verhängnis wird, sondern fast stets erst der politische Gebrauch, der von ihr gemacht wird, häufig genug in der Folge ökonomischer Konflikte.

Innerhalb der westlichen Demokratien wird sich zweifellos weit mehr als in vergangenen Zeiten derselbe Regenbogen divergenter Kulturen entfalten, der die Welt im ganzen umspannt. Er wird sich zwar nicht in jedem dieser Länder in derselben Vollständigkeit der Farben und ihrer gleichbemessenen Bandbreite zeigen, aber doch überall so, daß mehrere der großen Kulturen der Welt zu unmittelbaren Nachbarn werden. Die angestammten Kulturen werden zunehmend ergänzt. In den USA sind es heute so gut wie alle Kulturen der Welt mit sozialem Gewicht, in Frankreich vor allem der Islam, in Großbritannien neben diesem Buddhismus und Hinduismus, in Kanada zu allen genannten der Sikhismus und in Deutschland außer dem Islam auch die orthodoxen Religionen Osteuropas, daneben in den meisten Ländern noch beinahe alle übrigen Kulturen und Religionen in Gestalt von kleineren Gruppen, die sich im Zweifelsfalle unter den Garantien des Rechtsstaats gleichwohl nachdrückliches Gehör verschaffen. Die Größe der kulturellen Gruppen innerhalb einzelner Gesellschaften wird unter dem Druck der Auseinandersetzung ums Prinzipielle immer mehr ihre Rolle als Voraussetzung für kulturelle Schutz- und Förderungsansprüche verlieren. Zum »Weltdorf« wird die Welt darum mehr und mehr auch in jenem penetranten Sinne der ungefragten und unvermeidlichen Nähe, der dem Begriff des Dorfes sozio-kulturell immer angehaftet hat. Die Politisierung der Kultur ist aus diesen Gründen unversehens aus einem Kapitel der Außenpolitik, das die Experten anging, zu einem Kernkapitel der Innenpolitik geworden, das uns alle beschäftigen wird.

Die Politisierung kultureller Unterschiede hat sich als universelles Patentrezept erwiesen, das immer geeignet ist, Stimmungen zu entfachen, die sich in Stimmen oder Zustimmung ummünzen lassen, wo Mächte herrschen wollen, die zu dem, was *Politik* in Wahrheit zu leisten hätte, nichts beitragen können. Frisiert man stattdessen bloß *zugeschriebene* Unterschiede, die im *Alltagsleben der Menschen kaum je als Gegensätze* erfahren werden, jedenfalls nicht zwangsläufig erfahren werden müssen, mit den Mitteln symbolischer Politikinszenierung, gesteuerter Kampagnen oder gewalttätiger Provokationen zu Fragen von Leben und Tod, Würde oder Erniedrigung, Lebensglück oder Entfremdung, sozialer Sicherheit oder Gefährdung um, lassen sich hochfliegende Hoffnungen wecken, vermeintliche Hindernisse markieren und Emotionen entfachen wie bei keinem wirklich politischen Thema. Diffuse politische Loyalitäten werden mittels kultureller Ausgrenzungsstrategien zu Freund-Feind-Gegensätzen zugerichtet. Die wirklichen Herausforderungen und Verantwortlichkeiten verschwinden bei diesem Vorgang wie von selbst aus dem Blickfeld der Öffentlichkeit. Das ist für Politik und Politiker überall auf der Welt, wo Dispositionen vieler Menschen eine solche Strategie aussichtsreich erscheinen lassen, eine mächtige Versuchung.

Politisierung der Kultur bedeutet: Probleme, die politisch gelöst werden können und müssen, wie Arbeitslosigkeit, Massenelend, wirtschaftliche Ausgrenzung, soziale Verantwortungslosigkeit, privilegierende Vormachtsansprüche, Korruption oder Unfähigkeit zu Kooperation und Kompromiß, werden als natürliche Folgen des Versäumnisses dargestellt, kulturelle Unterschiede zu wahren, die nur durch deren Rückgewinnung zu lösen wären. Soziale und ökonomische Verhältnisse, die viele Menschen empören, werden als Folge des Verfalls kultureller Identität oder der vorsätzlichen Vermengung von Kulturen hingestellt. Kulturelle Identitäts-Politik, die Vertreibung der Anderen aus ihren Rechten, erscheint in dieser Perspektive als Grundlage des Gemeinwohls der »Eigenen«.

Die Politisierung der Kultur erfolgt sowohl *von innen* als auch *von außen* her. Das erste ist die Strategie des *Funda-*

mentalismus. Er möchte glauben machen, die Gebrechen der Welt könnten erst durchgreifend kuriert werden, sobald die je eigenen Gewißheitsansprüche der fundamentalistischen Charismatiker ohne weitere Widerrede die Welt regieren. Das zweite ist die Strategie derer, die, ohne selbst Fundamentalisten zu sein, fundamentalistischem Handeln den Weg bereiten, indem sie erklären, die divergenten Kulturen der Welt könnten ihrem Wesen nach nichts anderes sein als fundamentalistische Kampfprogramme, die auch die Nicht-Fundamentalisten nötigten, in gleicher Münze zurückzuzahlen, wenn sie im vermeintlichen weltweiten Kampf der Kulturen nicht die eigene Selbstbehauptung gefährden wollen.

Die Politisierung der Kulturen von innen und von außen schickt sich in der Kreisbewegung wechselseitiger Bestätigung an, das Vakuum auf fatale Weise wieder aufzufüllen, das der Zusammenbruch der großen Ideologien des 20. Jahrhunderts hinterlassen hat. Sie ist gleichermaßen in ihrem Ausgangspunkt wie in ihrem Ergebnis weit inhumaner, als es die Machtansprüche der Ideologien des auslaufenden Jahrhunderts je waren, denn sie stempelt den Einzelnen nach seinem kulturellen Herkommen ein für allemal als unveränderliche Größe ab, während die großen Ideologien sich noch der Mühe der Konversion unterzogen, die dem Einzelnen immerhin die Chance der eigenen Selbstzurechnung und damit einen Rest der Würde der Selbstbestimmung ließ.

Die Politisierung der Kultur hat zu allem noch einen hinterlistigen Nebeneffekt. In ihren Freund-Feind-Schablonen verschwinden die wirklichen kulturellen Unterschiede mitsamt der Bedeutung, die sie für Lebenswelt, Zivilgesellschaft, Politik und Wirtschaft tatsächlich haben, aus dem öffentlichen Bewußtsein. Unter dem Blickwinkel ihrer falschen Politisierung werden sie zu fremden Welten, die einander nicht verstehen können, während jene, die an Verständigung interessiert sind, die Thematisierung der Differenzen meiden, um der Demagogie keinen Vorschub zu leisten.

Die Politisierung der Kulturen hat daher gegenwärtig alle Aussicht, zum selbsttragenden Prozeß zu werden. Diejenigen, die sie von innen her betreiben, und diejenigen, die von außen her an ihr arbeiten, spielen einander in die Hände, ihre Erklärungen und Prognosen verifizieren sich auf trügerische Weise wechselseitig, und ihre Energien bestärken einander. Ein unvoreingenommener, empirisch offener Blick auf die Dimensionen, Reichweiten, Ursachen und Folgen der tatsächlichen kulturellen Unterschiede – und damit unvermeidlich auch auf das, worin sie bei aller Differenz doch übereinstimmen – kann beide ihrer Unwahrheit überführen.

Identität. Bedürfnis und Wahn

Das Wort Identität ist reichlich strapaziert, es hat, seit es zur Schlüsselvokabel für die Kennzeichnung höchst unterschiedlicher Unverträglichkeiten im Leben der Menschen in der Moderne wurde, den vielfältigsten Gebrauch und Mißbrauch erfahren. Den zahlreichen soziologischen und psychologischen Theorien der Identität muß keine weitere hinzugefügt werden. Für den politisch-kulturellen Zusammenhang, um den es bei der politischen Instrumentalisierung kultureller Identität geht, soweit er Identitäts-Wahn genannt zu werden verdient, mögen einige Klarstellungen genügen.

Um überhaupt als zurechnungsfähiger Teilnehmer sozialer Interaktionen handeln und von den Anderen als solcher anerkannt werden zu können, muß jeder Mensch in der Kontinuität seiner Biographie und im Zusammenhang seines Redens und Handelns in wechselnden Situationen über alle Unterschiede hinweg als derselbe wahrgenommen und verstanden werden können. In diesem minimalen und allgemeinen Sinne bedarf er als soziales Wesen einer »Identität«.

Er muß für sich selbst wissen könnnen, was auch die Anderen in ihm suchen: »wer er ist«, wenn er in allem Wandel der Situationen, Rollen, Lebensabschnitte und Bezugsgruppen als dieselbe Person erkannt und anerkannt werden möchte.

Sobald die soziale Umwelt des Einzelnen ein Mindestmaß an »miteinander konkurrierenden Normen, Erwartungen, und Interpretationen für Personen und Situationen« bereithält, ist personale und soziale Identität kein fester und unverlierbarer Besitz mehr, der, einmal erworben, immerfort wirkt, sondern nur noch eine individuelle Leistung, die von Situation zu Situation neu erbracht werden muß.[8] Identität kann ihre soziale Funktion ja nicht dadurch erfüllen, daß der Einzelne sich ein Bild von sich selbst zurechtlegt und es seinen sozialen Partnern aufdrängt. Sie wird erst wirksam, wenn die Partner ein Bild von diesem Einzelnen gewinnen, in dem er sich auch selber wiedererkennt. In diesem Sinne ist Identität ein offener Prozeß des Aushandelns zwischen dem Selbstbild, das der Einzelne von sich entwirft, und dem Bild, das sich seine sozialen Handlungspartner in wechselnden Zusammenhängen von ihm machen. Die Übereinstimmung zwischen beiden ist niemals von vornherein garantiert, sie kann immer mißlingen. Der Einzelne kann sich den Zumutungen und Anstrengungen dieses riskanten Prozesses jedoch nicht entziehen, solange er überhaupt als der bestimmte Mensch, der er ist, von seiner Umwelt anerkannt werden will.

Identität ist darum kein individueller Besitz, sondern der soziale Prozeß einer »Balance zwischen widersprüchlichen Erwartungen«. Das Individuum kann und darf die ihm von den Anderen angesonnene soziale Identität niemals ganz annehmen, solange es Individuum bleiben möchte, und es kann einen gewissen Widerstand zwischen den diversen sozialen Ansinnen und seinem eigenen Selbstverständnis auch schon deswegen nicht aufgeben, weil die Bezugsgruppen und Situationen, von denen sie ausgehen, rasch wechseln. Der fortwährende soziale Balanceakt der Selbstbehauptung individueller und sozialer Identität verlangt darum vom Einzelnen ein Mindestmaß an Fähigkeit zum Aushalten von Widersprüchen, zum Widerstand gegen soziale Zumutungen und zur kreativen Fortsetzung bislang entfalteter eigener Identität. Uneindeutigkeiten und Ambivalenz sind auszuhalten und für den Entwurf seiner selbst, den der Einzelne in immer neuen Anläufen fortführen muß, in Rechnung zu stellen. Dazu bedarf es dessen, was Milton Rokeach treffend einen *offenen* Charakter – im Gegensatz zum *geschlossenen* – genannt hat.[9] Ein solcher Charakter bildet eine soziale und persönliche Identität aus, die Spannungen aushält, für wechselnde Situationen offenbleibt und darum Verschiedenartigkeit in der sozialen Umwelt nicht als Bedrohung und Quelle lähmender Angst empfinden muß.

Solche Identität enthält Brüche und Unterschiede in sich selbst. Ohnehin bildet der Einzelne in offenen oder sich öffnenden Gesellschaften in seiner Arbeits- und Lebenswelt zumeist zahlreiche Selbstbilder aus, als Mutter oder Vater, Gläubiger, Gleichgültiger oder Agnostiker, Lehrer oder Handwerker, Wähler der liberalen Partei oder der konservativen, Hausbesitzer oder Mieter, Bewohner der Süd- oder der Nordregion, Fußballfan oder -verächter, Gewerkschafter oder Arbeitgeber und was sonst noch auf ihn zutreffen mag. Es mag in mehr als einer Hinsicht dann eine offene Frage bleiben, ob die Fülle dieser Mosaiksteine vom Einzelnen selbst oder von Anderen noch zu einem großen und einheitlichen Bild zusammengefügt werden und ob sie dies überhaupt zulassen. Solche »Patchwork-Identität« ist lebbar, sie lebt von ihren Brüchen und Nähten nicht weniger als von den einzelnen Flecken sozialer Zugehörigkeit, die sie ausmachen.

Unter den Bedingungen einer offenen Gesellschaft und damit immer auch widerspruchsvoller sozialer Erwartungen ist für eine stabile Identität nicht der Akt der Identifikation das Entscheidende, sondern bei niemals restloser Übernahme sozialer Erwartungen die Fähigkeit zu Empathie mit anderen Identitäten, Distanz zu den eigenen Rollen, die jeweils übernommen werden, und Toleranz gegenüber den Uneindeutigkeiten, die stets bleiben. Diese Fähigkeiten müssen durch die gesellschaftlichen Verhältnisse ermöglicht sowie vom Einzelnen ausgehalten werden können. Beide Seiten dieses Verhältnisses bedingen und erhalten sich im Falle des Gelingens wechselseitig.

Identitätssuche wird zum Identitäts-Wahn erst dort, wo sie ohne Distanz zu den eigenen Rollen, ohne Empathie für die verschiedenartigen Rollen und Identitäten der Anderen, ohne den Willen und die Fähigkeit, Ambivalenzen zu ertragen, in jedem Handlungsfeld nur ganz als dieselbe aufzutreten vermag. Identitäts-Wahn will nichts als Identität, dieselbe in allen Lebensbezügen und bei allen Anderen. Identität schlägt in Identitäts-Wahn um, sofern sie sich ihrer selbst nur sicher wird, wenn sie in ihrer sozialen Umwelt nichts Andersartiges, Fremdes, Uneindeutiges, Widerständiges mehr erfahren muß, von dem sie sich in ihrem eigenen Anspruch herausgefordert, verunsichert, in Frage gestellt fühlen könnte. Sie muß das Andere, das ihr selbständig gegenübertreten will, darum entwerten, vertreiben oder unterwerfen, die soziale Umwelt von allen kulturellen Unterschieden säubern, um sich ihrer selbst gewiß sein zu können.

Fundamentalismus. Moderner Identitäts-Wahn

Fundamentalismus ist eine politische Ideologie des 20. Jahrhunderts mit ethisch-religiösem Anspruch. Er kombiniert auf widerspruchsvoll-pragmatische Weise Elemente der späten Moderne mit Rückgriffen auf dogmatisierte Bestände vormoderner Traditionen, um die ihm mißliebigen Grundlagen und Folgen der Kultur der Moderne auf moderne Weise und mit modernen Mitteln desto wirkungsvoller bekämpfen zu können. Er tritt auf als eine politische Ideologie, die in den Krisen von Modernisierungsprozessen eine zumeist religiöse, seltener weltanschaulich-profane Ethik politisch absolut setzt und entweder im ganzen oder in symbolisch aufgewerteten Grundfragen gegen alternative Ethiken und gegen die politischen Institutionen moderner Gesellschaften für das Gemeinwesen verbindlich machen will. Er erhebt damit den Anspruch, die Ursachen der Krise zu erklären und einen Ausweg aus ihr zu weisen, dessen Erfolg so sicher sei wie die absoluten Gewißheitsansprüche, mit denen er ihn begründet.

Fundamentalismus setzt einen von mehreren konkurrierenden ethischen Ordnungs- und Lebensentwürfen an die Stelle der Gemeinschaftsmoral, auf die sich alle, die in einem politischen Gemeinwesen zusammenleben, verständigen können, die einen je eigenen Freiraum für ihre unterschiedlichen ethischen Glaubenssysteme, Orientierungen und Lebensentwürfe beanspruchen. In diesem Sinne ist der *fundamentalistische Zivilisationsstil* im Kern die Verweigerung eines friedlichen, gewährenden und fairen Umgangs mit kulturellen Differenzen. Er ist eine ausschließlich vormachtorientierte Instrumentalisierung der Kultur.

Über tiefgreifende inhaltliche und formelle Unterschiede fundamentalistischer Ideologien in offenbar allen Kulturen der Welt, seit sie unter den Einfluß der kulturellen Moderne geraten sind, hinweg, ist dies die gemeinsame Tiefenstruktur des »fundamentalistischen Impulses«.[10] Es ist diese idealtypische *Struktur* und nicht ihr jeweils kulturspezifischer *Inhalt*, die den Fundamentalismus von anderen Zivilisationsstilen unterscheidet und die unterschiedlichen Fundamentalismen der Gegenwart einander im Stil ihres Umgangs mit kulturellen Differenzen ähnlicher macht als den jeweils konkurrierenden Zivilisationsstilen innerhalb ihrer eigenen Kultur. Dieser Befund ist das Ergebnis vergleichender kulturübergreifender Forschungen auf empirischer Grundlage.[11]

Fundamentalismus erweist sich mithin in Theorie und Praxis als eine spezifische Form kultureller Gegenmodernisierung, denn er ist im Kern in all seinen Formen gegen das Offenheitsprinzip gerichtet, das den Kern der modernen Kultur ausmacht. In seinen je besonderen Ausprägungen zeigt er sich so mannigfaltig wie die Dynamik der Modernisierung in den unterschiedlichen Kulturen, in denen er in Erscheinung tritt. Der amerikanische Fundamentalismusforscher Martin E. Marty hat aufgrund dessen als Resümee des von ihm geleiteten groß angelegten interkulturellen Forschungsprojekts den Vorschlag gemacht, Fundamentalismus im Sinne Wittgensteins als einen Familienbegriff zu verstehen. Alle Fundamentalismen teilen eine Reihe charakteristischer Merkmale ihres Denkens und Handelns, aber nicht alle ganz dieselben. Im Falle der Familie des Fundamentalismus kann gleichwohl festgestellt werden, daß alle Mitglieder eine Reihe prägender Merkmale in auffälliger und eindeutiger Weise teilen. Auch wenn darum bei der Beschreibung und Beurteilung jedes einzelnen Fundamentalismus Unterscheidung geboten ist, sowohl im Hinblick auf die soziale und kulturelle Situation, in der er auftritt, wie auch im Hinblick auf seine Form, seine Handlungsweise und seine Ziele, so verkörpern sie alle doch in ausschlaggebendem Maße auf je eigene Weise denselben »idealtypischen fundamentalistischen Impuls«. Der Fundamentalismus ist darum eine distinkte politische Ideologie und Bewegung der Moderne im 20. Jahrhundert. Er nutzt die technischen und organisatorischen Mittel, die die Moderne hervorgebracht hat, um ihre kulturellen Grundlagen zu bekämpfen.

Der Prozeß der Modernisierung führt zur Öffnung der kulturellen, sozialen und politischen Systeme der Gesellschaft für alternative Deutungen, Ordnungsentwürfe, Lebensweisen und Entwicklungswege. Er vollzog sich in den westlichen Gesellschaften aus innerer Dynamik, in vielen Entwicklungsgesellschaften zunächst durch äußeren Einfluß, wenn auch so gut wie nie ohne eine gleichzeitige synergetische Dynamik durch Modernisierungsbefürworter in ihrem

Inneren. Überkommene Gewißheiten müssen sich durch Kritik und Alternativen in Frage stellen lassen, die Offenheit für Alternativen wird in sämtlichen Bereichen des Denkens und Handelns prinzipiell. Die öffentliche Ordnung muß sich grundlegend wandeln, um den Verkehr und die Freiräume der konkurrierenden Orientierungen so zu regeln, daß die Integration der Gesellschaft als Ganzes möglich bleibt. Sie muß den produktiven Umgang mit Unterschieden lernen und auf Dauer organisieren.

Mit den Voraussetzungen für Freiheit und Selbstbestimmung schafft diese Freisetzung unvermeidlich zugleich in historisch ungekanntem Ausmaß Risiken des Orientierungsverlustes und des Sinndefizits, denn sie überläßt die Wahl von Orientierungsangeboten und Sinndeutungen den Einzelnen und Gruppen. Sie bringt für Individuum und Gesellschaft große Chancen selbstbestimmter Entwicklung, aber keine Garantie des Gelingens für die Ausbildung einer befriedigenden individuellen und kollektiven Identität. Die Tradition mit ihren überlieferten Orientierungsangeboten, Identifikationsmöglichkeiten und Statussicherheiten steht unter modernen Bedingungen darum fortwährend zur Disposition, niemals zwar in allen überlieferten Geltungsansprüchen zugleich, aber doch prinzipiell in einem jeden von ihnen, sobald neue soziale Entwicklungen ihn fragwürdig machen. Traditionen gelten nicht mehr aus sich selbst heraus, sondern nur noch im Maße ihrer aktuellen Überzeugungskraft. Die Ausbildung und Bewahrung individueller und kollektiver Identität wird unter diesen Bedingungen zu einer fortwährenden in Frage gestellten Anstrengung.

In dem präzisen Sinne der unentwegten Nötigung zur Selbstprüfung ist gesagt worden, daß die Moderne nicht ihre Krisen hat, sondern als solche die Krise *ist*.

Fundamentalismus als politische Ideologie und Bewegung ist der Versuch, den modernen Prozeß der Öffnung und der

Ungewißheit, sei es ganz, sei es in seinen zentralen Bereichen, umzukehren und die von seinen Verfechtern zur absoluten Gewißheit erklärte Variante der Weltdeutung, der Lebensführung, der Ethik, der sozialen Organisation zu Lasten aller Anderen für alle verbindlich zu machen. Fundamentalismus als Produkt der Moderne will Ungewißheit und Offenheit überwinden, indem er eine der Alternativen im Rückgriff auf geheiligte Traditionen oder künstlich immunisierte Gewißheiten absolut setzt. Das darauf gestützte geschlossene System des Denkens und Handelns, das Unterschiede, Zweifel und Alternativen künstlich ausschließt, soll nach dem Willen der Fundamentalisten an die Stelle der modernen Offenheit treten und damit Halt und Sicherheit, Orientierungsgewißheit, feste Identität und Wahrheit aufs neue ermöglichen, indem sie auf dieselbe Weise für alle verbindlich gemacht und künftigem Wandel entzogen werden. In diesem Angebot für verunsicherte Individuen und Kollektive wurzeln die psychosozialen Voraussetzungen und Motive, die einen Massenerfolg der politischen Instrumentalisierung kultureller Differenz ermöglichen. Die Instrumentalisierung der kulturellen Differenz für Zwecke politischer Herrschaft hat darum stets zwei Seiten, die einander entsprechen müssen: die Kalkulationen der Instrumentalisierer und die Motive der Instrumentalisierten.

In seinen kämpferischen Formen dient dem modernen Fundamentalismus sein auf diese Weise immunisiertes Fundament als Legitimation für geistige, religiöse und politische Vormachts- oder Herrschaftsansprüche gegen die Abweichenden. In dem Maße, wie die geschlossenen Glaubenssysteme und Ordnungsentwürfe fundamentalistischer Prägung eine öffentliche Rolle übernehmen und Kritik, Alternativen, Zweifel, offene Dialoge über ihre Erkenntnisansprüche zwischen Gleichen ausschließen, stellen sie eine *Rückkehr des Absoluten* in die Politik dar. Das hat in der Regel die gänzliche, in entfalteten demokratischen Kulturen mitunter aber auch nur die selektive Mißachtung von Menschenrechten, Pluralismus, Toleranz, Recht und der demokratischen Mehrheitsregel im Namen der ganz gewissen Wahrheit zur Folge, der sich die Fundamentalisten jeweils kompromißlos verpflichtet wähnen.

In der *Sache* hat es Fundamentalismus seit dem Beginn der kulturellen Modernisierung als deren immanenten Gegenimpuls immer gegeben. Das *Wort* trat zuerst im Zusammenhang mit einer religiösen Schriftenreihe in Erscheinung, die in den Jahren 1910 bis 1915 in den USA unter dem Titel »The Fundamentals« erschien. Sie trug den kennzeichnenden Titel »A Testimony to Truth« – Ein Zeugnis der Wahrheit. 1919 gründeten die protestantischen Christen, die die Reihe herausgegeben hatten, eine weltweit tätige Organisation, die »World's Christian Fundamentals Association«. Damit war die Bezeichnung »Fundamentalismus« für diese Art christlicher Gläubigkeit geprägt und hat sich zunächst für sie im allgemeinen und im wissenschaftlichen Sprachgebrauch durchgesetzt. Allmählich wurde sie auch auf andere Ideologien und Bewegungen zunächst im Katholizismus und dann in anderen Kulturbereichen bezogen, wenn sie die charakteristischen Merkmale teilten.

Es waren vor allem vier Fundamentals, die diese ursprüngliche fundamentalistische Bewegung, die der Sache ihren Namen gab, charakterisierten: (1) die buchstäbliche Unfehlbarkeit der Heiligen Schrift in allen ihren Teilen, verbunden mit der unbeirrbaren Gewißheit, daß sie keinen Irrtum enthalten könne; (2) die Erklärung, daß alle Theologie, Religion und Wissenschaft nichtig seien, soweit sie den Bibeltexten widersprechen; (3) die Überzeugung, daß niemand, der von den Bibeltexten abweicht, wie die Fundamentalisten sie auslegen, ein wahrer Christ sein könne, auch wenn er selbst diesen Anspruch überzeugt erhebt; und (4) die entschiedene Bereitschaft, die moderne Trennung von Kirche und Staat,

Religion und Politik immer dann zugunsten einer Bestimmung der Politik durch die eigene Auslegung der Religion aufzuheben, wenn politisch-rechtliche Regelungen in entscheidenden Kernfragen mit der eigenen Ethik kollidieren.

Der Vergleich zahlreicher fundamentalistischer Bewegungen und Denkmuster in vielen höchst verschiedenartigen Kulturen hat gezeigt, daß ungeachtet aller Unvergleichbarkeiten in den inhaltlichen Fragen in Form und Vorgehensweise Fundamentalismus überall von demselben »ideal typical impulse« geleitet wird.[12] Die kulturellen Spielräume der Manifestation dieses idealtypischen Impulses, die Variationen der Ähnlichkeit dieser über alle Kulturen der Welt verteilten Familie, zeigen sich exemplarisch an zwei so unterschiedlichen Religionen und politischen Bewegungen wie dem christlichen Fundamentalismus in den USA und dem indischen Hindu-Fundamentalismus, verkörpert vor allem in den kulturellen Organisationen Vishwa Hindu Parishad (VHP) und Rashtriya Sewak Saugh (RSS) sowie den politischen Parteien Shiv Sena und Bharatiya Janata Party (BJP).[13] Beide umspannen den größtmöglichen Unterschied im Charakter der Bezugsreligion, des Entwicklungsstandes der Länder, in denen sie auftreten, und ihrer politischen Kultur.

Den Anspruch, die einzigen authentischen Sprecher ihrer Religion zu sein, erheben beide, der Hindu-Fundamentalismus ebenso wie der protestantische. Die Legitimation zum Eingriff in das politische Geschehen beziehen beide aus vermeintlichen Privilegien und Konsensverletzungen der Mehrheitskultur, die von den wahren religiösen Grundlagen der für das Land auf immer gültigen religiös bestimmten Kultur abgefallen sei. Die protestantischen Fundamentalisten in den USA pochen auf ihr Recht, im Falle der Legalisierung der Abtreibung und der Illegalisierung des Schulgebetes demokratischen Mehrheitsentscheidungen und Gerichtsurteilen den Gehorsam zu verweigern. Die Hindu-Fundamentalisten haben diesen Anspruch erstmals exemplarisch für die Wiedererrichtung des alten Hindu-Tempels in Ayodhya auf dem Terrain einer zu diesem Zwecke niederzureißenden Moschee aus dem 17. Jahrhundert erhoben und gleichzeitig kundgetan, daß sie weitere Aktionen mit derselben Zielsetzung im Sinne haben.

In beiden Fällen wird aus dem überlegenen Vorrecht der eigenen Religionsauffassung das Ansinnen begründet, in Kernfragen des Gemeinschaftslebens die eigene Gruppenethik zur verbindlichen Moral für das ganze Gemeinwesen zu erheben und es mit allen Mittel durchzusetzen, einschließlich der Mißachtung der Grundrechte Anderer und der demokratischen Entscheidungsregeln, wo immer es für nötig befunden wird. Beide teilen die unbeirrbare Gewißheit, mit der unanfechtbaren Überlieferung der einzigen religiösen Wahrheit die bessere und verbindliche Identität der eigenen Gesellschaft zu hüten. Andere Lesarten derselben Religion oder Weltanschauung im eigenen Lande gelten ihnen als abtrünnig.

Während die protestantischen Fundamentalisten in den USA den Wortlaut der Bibeltexte heiligen, verfügen die Hindus über keine für alle verbindliche schriftliche Überlieferung, noch nicht einmal über wohldefinierte Dogmen, die für alle Gläubigen gelten. Die Hindu-Fundamentalisten machen angesichts dieser Lage denn auch keinen Versuch der Heiligung von Texten oder der Einführung einer spezifisch hinduistischen Gesetzgebung. Sie berufen sich zur Kennung von Freund und Feind, Rechtgläubigen und Abtrünnigen auf symbolische Ereignisse der Traditionen und untermauern diese durch dogmatisierte Deutungen dessen, was sie für gegenwärtiges Handeln zu bedeuten haben.

Während die protestantischen Fundamentalisten in den USA stets die allerneuesten Produkte der modernen Kommunikationstechnologie nutzen, vom privaten Fernsehen bis zum direct-mailing, um ihre Botschaft zu verbreiten, bleiben die Hindu-Fundamentalisten bislang an vormoderne Kommunikationsweisen gebunden, etwa symbolische Umzüge von Dorf zu Dorf oder Massenversammlungen in Stadt und Land, die im kulturellen Kontext ihres Handelns jedoch höchst wirkungsvoll sind. Während die protestantischen Fundamentalisten der USA auf die Programme der bestehenden Parteien und die Auswahl ihrer Kandidaten für die politischen Führungsämter massiv und zielstrebig Einfluß nehmen, um an der politischen Macht teilzuhaben, aber keinerlei Anstalten machen, sich selbst als Partei zu organisieren, verfügen die Hindu-Fundamentalisten in Indien über zwei eigene Parteien, Shiv Sena und BJP. Beide gelangten in einzelnen Bundesstaaten des Subkontinents durch Wahlerfolge zur Macht.

In beiden Ländern verfechten die Fundamentalisten ihre Authentizitäts- und Gewißheitsansprüche gegen zahlenmäßig weit stärkere Gruppen, die dieselbe religiöse und kulturelle Überlieferung traditionalistisch oder liberal auslegen und andere Vorstellungen vom Gemeinwesen hegen, sowie gegen zahlreiche große Gruppen von Vertretern anderer Religionen. In Indien richten sich die Bestrebungen der Fundamentalisten vorrangig gegen andere Religionen, in den USA werden sie teils bekämpft, teils ignoriert.

Fundamentalismus ist daher immer auch eine Form systematisch verzerrter Kommunikation. Symmetrische Kommunikation, also offene Dialoge unter gleichberechtigten Partnern, setzte ja voraus, daß im Verständnis der Beteiligten gleichermaßen zurechnungsfähige Menschen über unterschiedliche Meinungen, Interessen, Konzepte, Interpretationen von Überlieferungen, die Bedeutung von Texten und Lesarten von Traditionen Verständigung suchen. Alle Seiten stimmen in diesem Fall darin überein, daß keine von ihnen über einen unmittelbaren Zugang zu einer Erkenntnisgewißheit verfügt, in deren Licht die einen, die über sie verfügen, a priori im Namen aller entscheiden könnten.

Die Prinzipien des Dialogs, der Menschenrechte und der Demokratie sind mit divergenten *Wahrheitsansprüchen* verträglich, die alle kooperativ verfolgen, nur eben nicht mit *Gewißheitsansprüchen*, die von einer Seite im Namen aller und für alle Anderen geltend gemacht werden können.

Politischer Fundamentalismus ist immer auch ein Dogmatismus. Aber er ist stets mehr als das, und er ist nie beliebiger Dogmatismus. Fundamentalismus kann zum »Totalitarismus« werden, doch – abgesehen von den Unklarheiten dieses politischen Begriffs – er wird es nicht in jedem Fall. Fundamentalismus ist vielmehr eine neuartige politische Ideologie der Moderne, die in spezifischen Modernisierungskrisen Auftrieb gewinnt. Er ist, wie die vergleichende empirische Analyse zeigt, nicht das eigentliche Wesen einer der Kulturen der Welt, sondern ein spezifischer Zivilisationsstil, der die je besonderen Überlieferungen einer jeden Kultur der Welt in Konkurrenz zu anderen Zivilisationsstilen innerhalb derselben Kultur auslegt und in einer besonderen Praxis verkörpert. Fundamentalismus ist – vor allem, was das Bild von dem Menschen anbetrifft, den er prägen will, und die Formung der sozialen Umwelt, die er schaffen will – ein moderner Identitäts-Wahn, der das Andere im Menschen selbst und in seinen Lebenswelten entwerten, unterwerfen oder vertreiben muß, um sich seiner eigenen Identität sicher sein zu können.

Klärungsversuche

Zivilisation, Zivilisationsstile und Kultur

Die Begriffe *Zivilisation* und *Kultur* haben eine wechselvolle und höchst verwirrende Geschichte, besonders in Deutschland. Das hat dazu geführt, daß beide heute im jeweiligen Kontext erst genauer bestimmt werden müssen, um ihnen eine je eigene Bedeutung zu verleihen, denn diese versteht sich keineswegs noch von selbst. Einer sorgfältigen Klärung bedürfen beide Begriffe vor allem dann, wenn ihnen hochragende Bedeutungsunterschiede aufgebürdet werden, die mächtige Theoriegebäude tragen sollen, wie in der Zusammenstoßtheorie Huntingtons. *Zivilisation* besagt paradoxerweise bei manchen Autoren als Gegensatz von *Kultur* genau das, was Anderen gerade *Kultur* heißt, die nicht mit *Zivilisation* verwechselt werden soll. Das Spiel der Begriffe wechselt von Autor zu Autor und von Theorie zu Theorie. Solche Entgegensetzungen sind keineswegs der bloße Ausdruck von Bedeutungsunterschieden in verschiedenen Sprachen, sie sind fast stets Produkt divergenter Kulturtheorien, die solchen Unterscheidungen über Sprachgrenzen hinweg Sinn und Richtung verleihen sollen. Die Festlegung der Grundbegriffe, besonders der Grad ihrer Differenzierung, enthält aber weitreichende Vorentscheidungen über die Erkenntnismöglichkeiten der Theorie, die ihr Gebäude auf ihnen errichtet.

Die Begriffe Zivilisation und Kultur bleiben freilich widerspenstig gegen den Versuch, sie ganz eindeutig und systematisch in ihrem Wechselverhältnis zu fassen. Etwas an ihnen, und wohl auch am Verhältnis der Sachverhalte, die sie bezeichnen sollen, entzieht sich definitorischer Bindung, sobald es darum geht, ihre unterschiedlichen Bedeutungsfelder unmißverständlich voneinander zu trennen. Das liegt wohl in entscheidendem Maße daran, daß sie einander mit ihrem nie ganz festzulegendem Fokus weitgehend, wenn auch mit schwimmenden Konturen, überlagern. Kultur und Zivilisation meinen – selbst wo sie strikt unterschieden werden – immer etwas Gemeinsames, wenn auch nicht auf dieselbe Weise. Die wertende Aufladung beider Grundbegriffe vor aller Empirie und die Beschränkung auf sie allein erweisen sich darum als ein sicherer Holzweg bei der Betrachtung des Verhältnisses von Kulturen.

Im vorliegenden Text wird als Vorschlag für eine ausreichende Klärung und Differenzierung der Begriff der *Zivilisation* in der gleichen Weise verwendet wie in Norbert Elias' Theorie über den »Prozeß der Zivilisation«. *Zivilisation* bezeichnet mithin Prozeß und Resultat der Hereinnahme *kultureller* Normen und Gebote in die Motivationsstruktur der Individuen und, mit ihm verbunden, die voranschreitende gesellschaftliche Differenzierung. Ein Prozeß der Zivilisation in diesem Verständnis entfaltet sich in jeder der *Kulturen*. Es ist dabei eine völlig offene Frage, ob seine voranschreitende Entfaltung ein Weg zum »Besseren« ist.

In einer offenen Weise, deren Grenzen und Schwerpunkte selbst jeweils erst am gegebenen Fall zu bestimmen sind, werden hingegen die aus unterschiedlichen religiösen und traditionalen Quellen gespeisten übergreifendenden Deutungs- und Orientierungssysteme als *Kulturen* bezeichnet, jedoch in pointierter Entgegensetzung zu allen Versuchen ihrer naturalistischen Verdinglichung. Allen Kulturen, die in den aktuellen Debatten eine Rolle spielen, eignet in unterschiedlichem Maße ein reflexiver Zug, seit sie untereinander und mit der Moderne in einen Austauschprozeß getreten sind. Kulturen sind darum, wie die empirische Betrachtung unzweideutig zeigt, in erster Linie *Diskursformationen*, in denen in einem offenen Kräftefeld widerruflich entschieden wird, was die überlieferten Weltbilder, Werte und Lebensformen für die Gegenwart bedeuten können.

So werden Hinduismus, Buddhismus, Islam, der »Westen«, das Judentum beispielsweise in einer offenen Weise zunächst als Kulturen bezeichnet, ohne daß der Begriff eine Vorentscheidung darüber fällen soll, ob das Identische in diesen Traditionen das Verschiedene überragt, das vielleicht ja ein Identisches zwischen verschiedenen Kulturen sein kann. Es könnte immerhin sein, so lautet die Arbeitshypothese, daß wohlstrukturierte Varianten des Fundamentalismus oder des Modernismus in den verschiedenen Kulturen der Welt mehr *miteinander* verbindet als mit den großen Deutungsalternativen *innerhalb* ihrer eigenen kulturellen Tradition.

Die bis zur völligen Entgegensetzung unterschiedlichen *Modi der Selbstauslegung* des kognitiven, evaluativen und emotiven Gehalts kultureller Überlieferung, beispielsweise eines *modernen, traditionalistischen* oder *fundamentalistischen* Modus des Verständnisses und der Praktizierung identischer kultureller Überlieferung, werden im Anschluß an Werner Sombarts Begriff der Wirtschafts*stile* als *Zivilisationsstile* bezeichnet.[14]

Mit dieser Begriffswahl soll zum einen die grundbegriffliche Festlegung auf das Mißverständnis vermieden werden, als seien Modi der kulturellen Selbstauslegung wie Fundamentalismus, Modernismus oder Traditionalismus wesensmäßige Eigentümlichkeiten bestimmter Kulturen selbst. Zum anderen wird in ihr durch die Begriffskomponente *Zivilisation* im Einklang mit der soeben vorgenommenen Bestimmung dieses Begiffs dem empirisch belegbaren Sachverhalt Rechnung getragen, daß diese *Modi der Selbstauslegung* in unterschiedlichen Kulturen vorkommen und wie der Prozeß der Zivilisation selbst eine Weise der Entfaltung, der Differenzierung und des reflexiven Umgangs mit der eigenen *Überlieferung* darstellen.

So kann in diesem *grundbegrifflichen* Rahmen, um ein Beispiel zu wählen, eine islamische *Kultur* zu unterschiedlichen historischen Zeitpunkten unterschiedliche Formen der Zivilisation hevorbringen, ohne dadurch aufzuhören, eine islamische Kultur zu sein. Innerhalb der islamischen Republiken der Gegenwart, und das ist dann allein eine empirische Frage, die durch die Wahl der Grundbegriffe nicht vorentschieden werden darf, können gegebenfalls Traditionalismus, Modernismus (Säkularismus), Fundamentalismus und andere Spielarten kultureller Selbstauslegung als unterschiedliche *Zivilisationsstile* vorgefunden werden. Ob alle islamischen Gesellschaften eine einzige *Kultur* bilden, ob die Unterschiede zwischen divergenten Zivilisationsstilen innerhalb derselben Kultur größer sind oder kleiner als zu den vergleichbaren *Stilen* in unterschiedlichen Kulturen, das sind Fragen, die allein auf dem Wege empirischer Forschung zu entscheiden sind.

Das vorliegende Buch möchte einen Beitrag zur Differenzierung im Lichte empirischer Befunde leisten. Die für Darstellung und Analyse gewählten Grundbegriffe *Zivilisation, Kultur, Zivilisationsstil* und *sozio-kulturelles Milieu* sollen dafür Voraussetzungen schaffen. Sie müssen sich am Material bewähren. Dabei kommt es darauf an, daß die Begriffe und Sachverhalte, für die die Wörter stehen, nicht von vornherein verengt oder in ihrem Verhältnis zueinander fixiert, sondern für Erfahrung offengehalten werden.

Unverhoffter Fundamentalismus bei uns

Rechter Identitäts-Wahn: Ethnopluralismus

Ethnopluralismus ist eine überall in Europa verbreitete rechts-populistische Ideologie, die das Gebot der Reinheit der Rassen als Reinheit der ethnisch verstandenen Kulturen wie-derauferstehen läßt. Deren »Vermischung« sei die Ursache ihres gegenwärtigen Niedergangs und verletze das Recht auf Selbstbehauptung jeder einzelnen Kultur, unserer eigenen in den europäischen Ländern, die Immigranten aus den Län-dern des Südens aufnehmen, ebenso wie der Kulturen der Immigranten selbst.

Frappierend erscheint schon auf den ersten Blick die Nähe der Theorie vom Zusammenstoß der Zivilisationen zum chau-vinistischen Konzept des »Ethnopluralismus«, das der Chef-ideologe der Nouvelle Droite in Frankreich, Alain de Be-noist, zu einem Lieblingsdiskurs der Neuen Rechten in Europa gemacht hat. Die politischen Überzeugungen und Absichten mögen in beiden Fällen gänzlich verschieden sein. Die Kon-vergenz der Ergebnisse und damit der Gleichklang der politi-schen Effekte sind indessen kein Zufall. Sie ergeben sich aus dem verdinglichten Kulturbegriff, den beide aus ähnlichen Erwägungen zugrunde legen, mit denselben Konsequenzen für den praktisch-politischen Gebrauch der Konzepte, unab-hängig von dem, was die einzelnen Autoren selbst in dieser Hinsicht für politisch wünschenswert halten.

Ethnopluralismus nimmt im Denken der Neuen Rechten in Europa haargenau den Platz ein, den der offen biologisti-sche Rassismus im rechten Extremismus traditioneller Prä-gung innehatte. Mark Terkissides hat in einer aufschluß-

reichen Analyse die Operationen nachgezeichnet, die an ursprünglich links-egalitär gemeinten Theorien vollzogen werden, damit die neorassistische Doktrin des Ethnopluralismus
aus zunächst harmlosen kulturtheoretischen Unterscheidungen hervorgehen kann und den Anschein gewinnt, eine moderne Theorie zu sein, die sich vor Demokratie- und Men-
schenrechtsforderungen nicht verstecken muß.[15]

Zunächst werden die unterschiedlichen Kulturen aus den
in den rechten Denktraditionen alter Prägung üblichen Hier-
archisierungen von Höher- und Minderwertigkeit scheinbar
herausgelöst. Das ist ein Akt radikaler Modernisierung rechts-
extremer Denkbestände. Die Kulturen seien als solche, was
immer ihre Inhalte auch sein mögen, durchaus gleichwertig.
Sodann wird der Kulturbegriff *naturalisiert*, so daß die Vielfalt der menschlichen Kulturen im gleichen Lichte natürlich
gegebener und fest abgegrenzter Identitäten und Differenzen
erscheint wie die Vielfalt der Gattungen und Arten in der
Natur selbst. Die menschliche Kultur nimmt als Ergebnis
dieser Operation ihrerseits biologische Züge an, so daß sich
der Rückgriff auf den in der postfaschistischen Epoche ver-
pönten Biologismus erübrigt, ohne daß seine Prämissen, Absichten und Auswirkungen dementiert werden müßten. Durch
Naturalisierung und Ethnisierung ergibt sich die den Ethnopluralismus kennzeichnende Absolutsetzung der Differenz
zwischen den Kulturen wie von selbst, und jeder Versuch
ihrer Vermischung, ihrer substantiellen Veränderung erscheint
als lebensbedrohlicher Verfall der kulturellen Lebensbedingungen menschlicher Gemeinschaften. Nach dieser Umkehrung soll gerade die Gleichheit der Kulturen, ihre ethnisch
naturalistische Verdinglichung vorausgesetzt, die radikale Forderung begründen – und das ist natürlich auch bei der Neuen
Rechten des Pudels Kern –, daß »fremde« Kulturen sich im
Westen nicht niederlassen und entfalten sollen. Ihre Repräsentanten sollen dorthin zurückkehren, woher sie gekom-
men sind, nun aber nicht mehr nur um der Interessen der

»Hiesigen« willen, das Fremde fernzuhalten, sondern ebensowohl im Interesse und nach dem Recht ihrer eigenen Kultur: eine konsequent egalitäre Begründung für eine Trennung, die sich bei Lichte rasch als der alte rassistische Chauvinismus zu erkennen gibt.

Es gehört zur Technik dieser »Retorsion« (Taguieff), der Umkehrung eines ursprünglich mit der entgegengesetzten Absicht entfalteten Gedankens, daß eben die Argumente, die eigentlich zur Widerlegung rechtschauvinistischer Positionen entfaltet wurden, auf listige Weise zur immunisierten Neubegründung solcher Positionen zweckentfremdet werden. Selbst sensible Begriffe, die lange Zeit für die Kennzeichnung der unvergleichlichen Exzesse des rechten Chauvinismus reserviert blieben, werden verkehrt und für die Brandmarkung der Positionen in Dienst genommen, gegen die sich der modernisierte rechte Chauvinismus richtet. Die Vermischung der Kulturen in multikulturellen oder anderen Projekten, die sich gegen kulturelle Separation richten, wird in der neurechten Sprache des Ethnopluralismus zum »Ethnozid« (de Benoist) oder gutdeutsch »kulturellem Völkertod«[16]. Der rechtsextreme Identitäts-Wahn kann nun seine humanistischen Gegenspieler mit denselben Begriffen verfemen, die sie einst für seine eigenen beispiellosen Verbrechen geprägt haben.

Dieser Identitäts-Wahn begründet die ethnische Apartheid, die er verlangt, scheinbar mit egalitären Argumenten. Er kann bei den ethnischen Säuberungen, die er betreibt, sogar zum Schein noch den Anspruch geltend machen, der in Wahrheit böser Zynismus ist, in gewisser Weise im Interesse der Verfolgten zu handeln, da auch sie durch die erzwungene Trennung wieder zur reinen Eigengruppe werden und sich dadurch die Aussichten für ihr Wohlergehen bessern. Dabei haben genaue historische Studien im Kontinent der »ethnischen Konflikte«, Afrika, gezeigt, daß selbst noch die ethnische Zurechnung der sozialen Gruppen in gegebener politischer Lage denselben Regeln politischer Konstruktion folgt wie die Indienstnahme kultureller Unterschiede für politische Machtinteressen. Nie ist ethnische Identität nur natürliche Abstammungsgemeinschaft, stets auch politisches Konstrukt. Bände spricht in diesem Zusammenhang ein Kapitel aus der Vorgeschichte des gegenwärtig so virulenten mörderischen Konflikts zwischen Hutus und Tutsi in Ruanda. Die Zugehörigkeit zu diesen beiden »Ethnien« war lange Zeit variabel, da es für die Zuschreibung objektive Kriterien gar nicht gab. »Durch Kolonialismus und Missionsgeschichtsschreibung wurden die Zugehörigkeiten verfestigt, instrumentalisiert und mittels einer rassistisch getönten Ethnohistorie untermauert. Die Tutsi wurden als angebliches ›Herrenvolk‹ von der belgischen Kolonialadministration gefördert, die auch einen ethnischen Zuordnungsvermerk im Ausweis zur Pflicht machte. Mangels kultureller Unterscheidungskriterien wurde als Tutsi definiert, wer mehr als zehn Kühe besaß.«[17]

Die »ethnischen Säuberungen« der neunziger Jahre in Serbien haben die Mechanismen der Akkumulation politischer Macht durch die Politisierung kultureller Unterschiede bloßgelegt, die während ganzer historischer Epochen in den Lebenswelten der Menschen selbst keine blutigen Konflikte auslösten. Sie konnten erst zur selbständigen Quelle von Verfeindung werden, als die fundamentalistischen Furien des Hasses einmal losgelassen waren. Der ethnisch-kulturelle Identitäts-Wahn konnte in vielen Gesellschaften Osteuropas die Nachfolge des fundamentalistisch zugespitzten Marxismus übernehmen, weil er dessen Grundstruktur der Herrschaft aus Erkenntnisgewißheit teilte, und er mußte dessen Nachfolge antreten, weil die alten Politiker neue Rezepte benötigten, um sich auf fast die alte Weise an der Macht zu halten. Vielleicht werden in Osteuropa die Wunden, die dieser Identitäts-Wahn schlägt, erst nach Generationen heilen. Er war sehr viel weniger eine Eruption der Volksseele als vielmehr ein Fabrikat verantwortungsloser Politik, die alles Andere ihrem Machtwillen unterzuordnen bereit war.

Linker Identitäts-Wahn: Gemeinschaft als Gesellschaft

Der Identitäts-Wahn, der die europäische Linke ein Jahrhundert lang beflügelt hat, scheint heute kuriert, offenbar jedoch um den Preis des Verlustes der Energien für eine Reform- und Sozialpolitik, die in den Zweidrittelgesellschaften der Massenarbeitslosigkeit heute nicht weniger an der Zeit ist als bei der Entstehung des linken Reformprojekts am Beginn der industriellen Revolution. Nur noch in winzigen Rinnsalen der intellektuellen Deutungskultur ist dieser linke Identitäts-Wahn gegenwärtig mit Mühen zu erkennen, der sich ein ganzes Jahrhundert lang mit der stolzen Verheißung der Überwindung der menschlichen Entfremdung verbunden hatte. An die Stelle der Entzweiung der Menschen untereinander und des Individuums von der Gesellschaft sollte vollkommene Identifikation treten, die alles den Menschen Fremde als überwundene Vorgeschichte hinter sich lassen würde. Aus dem öffentlichen Diskurs ist dieser ursprünglich auf das Wohl der Gemeinschaft ausgerichtete Identitäts-Wahn gänzlich verschwunden. Selbst in den großen Massenorganisationen der linken Parteien und Gewerkschaften, die er lange beseelte und mit Energien speiste, hat er kaum Spuren hinterlassen.

Auch dieser Identitäts-Wahn, der im Tiefpunkt menschlicher Erniedrigung und Entzweiung des Frühkapitalismus mit der Verheißung begonnen hatte, die Emanzipation der Gesellschaft von Herrschaft und Unterdrückung könne zugleich die Erlösung vom Übel menschlicher Entfremdung sein, fand in einem Fundamentalismus Zuflucht, der auf der Basis seiner historisch-moralischen Gewißheitsansprüche viele Varianten ausgebildet hat: von Lassalle bis Marx, von Kautsky bis Trotzki und Lenin, von Lukács bis Bloch.

Die europäische Linke hat in ihrem Hauptstrom die historische Kritik an einer individualistischen *Gesellschaft*, die entgegen ihrem eigenen Anspruch der Mehrheit ihrer Glieder

Freiheit und Gleichheit verweigerte und statt dessen Entfremdung und Ausschluß brachte, mit dem Gegenentwurf einer sozialistischen *Gemeinschaft* gekrönt, der durch und durch fundamentalistisch geprägt war. Gegen die Macht einer Entfremdung, die am Ende die Menschen nicht nur voneinander, sondern auch mit sich selbst entzweite, wurde die Vision einer erlösten Gemeinschaft gesetzt, in der alle Einzelnen mit allen Anderen und mit sich selbst eins wären. An die Stelle der entfremdeten Gesellschaft sollte die mit sich identische Gemeinschaft treten. Es schien, als sei mit der Überwindung der Institutionen, die durch ihr eigenes Wesen Entfremdung und Entzweiung systematisch immer aufs neue erzeugten, nämlich Privateigentum an den Produktionsmitteln und Konkurrenzwirtschaft, das Mittel gefunden, um die Gesellschaft der Fremden zu einer Gemeinschaft der Gleichen zu machen, die, wie der junge Marx schwärmte, ihr gemeinsames menschliches Wesen zugleich ineinander und in dem, was sie gemeinsam hervorbrachten, spiegeln konnten.

Es war der Kern der sozialistischen Botschaft, daß eine radikale Form der menschlichen Emanzipation möglich sei, die zugleich Erlösung von gesellschaftlicher Entfremdung brächte. Als diese Botschaft ihr erste große Blütezeit erlebte, gegen Ende der Bismarckschen Sozialistengesetze, hatte Ferdinand Tönnies die beiden Schlüsselbegriffe auf berühmt gewordene Weise idealtypisch kontrastiert. »Die Theorie der Gesellschaft konstruiert einen Kreis von Menschen, welche, wie in Gemeinschaft, auf friedliche Art nebeneinander leben und wohnen, aber nicht wesentlich verbunden, sondern wesentlich getrennt sind ...« – »Die Theorie der Gemeinschaft geht solchen Bestimmungen gemäß von der vollkommenen Einheit menschlicher Willen als einem ursprünglichen oder natürlichen Zustande aus, welcher trotz der empirischen Trennung und durch dieselbe hindurch sich erhalte ...«[18] Gerechtigkeit der Verteilung und der Teilhabe waren die Losungsworte für die Tagespolitik. Eine menschliche Gemeinschaft, die über alles hinaus, was Gerechtigkeit vollbringen kann, die Individuen zu einer substantielleren Einheit verbinden würde, lautete das historische Versprechen, das die Bewegung im Namen der Geschichte jenseits aller Tagespolitik machte.

Bei den Kommunisten sollte diese Gemeinschaft auf geheimnisvolle Weise aus einer Diktatur hervorgehen, bei den demokratischen Sozialisten hingegen als Qualitätssprung aus der Summe der vielen Reformen entstehen. Über die alles entscheidenden Gegensätze in der Wahl des Weges hinweg, Diktatur oder Demokratie, Gewalt oder Verständigung, war es diese historische Hoffnung, die fast alle Strömungen der Linken bis vor kurzem auf kennzeichnende Weise miteinander verband und vom Rest der »bürgerlichen« Parteien unterschied. Der kleine innersozialistische Gegenstrom der Revisionisten, die schon seit der Jahrhundertwende ahnten, daß mit der Aufnahme von liberalem Verfassungsdenken und gesellschaftlichem Realitätsprinzip die radikalen Identitätshoffnungen auf immer verabschiedet werden müßten, hat zwar das Handeln der meisten Politiker bestimmt, aber bis vor kurzem nicht den Geist der Bewegung oder ihrer Verwerfungen, die nach dem Zweiten Weltkrieg allmählich entstanden waren.

Selbst in der schon seit längerem durch Erfahrungen ernüchterten Sozialdemokratie lebte – weniger in den Handlungsmaximen ihrer Programme und schon gar nicht in den Absichten ihrer Amtsträger, aber doch in der besonderen Atmosphäre der Verknüpfung ihrer großen Vergangenheit mit dem Anspruch einer unvergleichlichen historischen Mission – die Erlösungshoffnung dieses wohlgemeinten Identitäts-Wahns weiter. Er war im demokratischen Teil der Arbeiterbewegung freilich immer durch den Willen zur Demokratie gezähmt und daher niemals wie bei den Kommunisten als Rechtstitel zur Begründung einer Vormundschaft über Andere benutzt worden, ein Traum erfüllter Identität daher eher als ein Wahn.

Die Linke als ganze hat den Schock der endgültigen Ernüchterung erst mit dem Zusammenbruch des Sowjetsystems erfahren. Nun scheint das Realitätsprinzip unumkehrbar jeder beschwichtigenden Interpretation entzogen. Liberale Demokratie bedeutet nun einmal die Anerkennung prinzipieller politischer Differenz und mit der Marktregulierung die gesellschaftliche Entfremdung. Das ist der unfreundliche, aber reale Handlungsrahmen, innerhalb dessen Solidarität und Gerechtigkeit zu erringen sind. Der lange Traum eines idealistischen linken Identitäts-Wahns, der erst in der vollendeten Einheit der Menschen das Ende ihrer Ausbeutung erkennen konnte, scheint jedenfalls in der momentanen historischen Situation ausgeträumt, auch wenn die Anlässe, die ihn einst erzeugt hatten, im Zeichen einer hemmungslos liberalen Globalisierung von Wirtschaft und Gesellschaft beängstigend anwachsen. Als Gegenmacht und in den gesellschaftlichen Inseln kleiner Gruppen bleibt Gemeinschaft lebendig, als große Alternative zur Gesellschaft der Getrennten ist ihre historische Kraft erloschen. Der linke Fundamentalismus ist fürs erste erschöpft.

Postmoderner Identitäts-Wahn: Psycho-Sekten

Der Schock, den der Versuch der japanischen AUN-Sekte, die politische Machtergreifung mit hemmungslosem Gewalteinsatz zu proben, vor kurzem in aller Welt ausgelöst hatte, ist mit dem Abebben der spektakulärsten Gewaltberichte aus dem öffentlichen Bewußtsein verschwunden. In Deutschland schleppt sich der zähe, erbitterte und bislang ergebnislose Stellungskrieg um den politischen Charakter der Scientology-Sekte ohne große Leidenschaft und ohne Aussicht auf ein Ende bitter, gereizt und lustlos dahin. In ihm sind mittlerweile, durchaus mit gutem Grund, neben Behörden, Kirchen, Vereinen, Medien und verletzten Abtrünnigen auch ganze Regierungen verstrickt.

Scientology ist nur die gegenwärtig am grellsten leuchtende Facette im weitverzweigten, bunten Mosaik der Sektenlandschaft in der Bundesrepublik. Diese ist vielgestaltig, umfangreich, und selbst für Experten sind ihre Mitgliederzahlen, ideologischen Varianten und Verzweigungen schwer zu duchschauen. Jeder genauere Blick auf Binnenstruktur und Beitrittsmotive zeigt für den am meisten verbreiteten Standardtyp der Psycho-Sekten immer aufs neue klar und deutlich, daß sie in ihrer Struktur und in ihrem Anspruch den klassischen Fall fundamentalistischer Gemeinschaftsbildung verkörpern. Sie bieten ihren Anhängern alles, was der moderne Fundamentalismus an Gewißheiten, Absolutheitsansprüchen, geschlossenen Gegenwelten, manichäischen Weltbildern, Heilsversprechungen, Sinnverheißungen und Trost zu bieten vermag. Sie schaffen eine Welt der absoluten Identität, in der alles, was anders ist, aus dem nahen Erfahrungskreis verbannt ist und in der ferneren, gesellschaftlichen Umwelt, aus der es sich mit den Kräften, über die die Sekten verfügen, nicht verbannen läßt, als Zeugnis einer verworfenen Welt jedes eigenständigen Geltungsrechts beraubt und damit als eigensinnige Irritation beseitigt ist. Die Zahl dieser Sekten steigt sprunghaft, die Menge ihrer Vollmitglieder wird in der Bundesrepublik auf mehrere Hunderttausend geschätzt. Die Etiketten, unter denen sie letztlich alle denselben fundamentalistischen Trost auf den Märkten postmoderner Beliebigkeit einem in tiefer Seele verunsicherten Publikum feilbieten, umfassen farbenprächtige Anleihen aus den religiösen Traditionen fast aller Epochen und Weltregionen, vom »Neo-Heidentum« des Nordens über Buddhismus, Hinduismus, Islam und Christentum, bis hin zu höchst phantasievollen Synthesen aus alledem. Und sie sind an den vermuteten Bedarf des Psychomarktes angepaßt, wofür Scientology ja selbst ein beredtes Beispiel ist.

Wie stets bei der Anwendung von Begriffen sind die Grenzzonen mitunter heikel und unscharf definiert. Der Begriff der Psycho-Sekte oder eben einfach der Sekte ist auch ein Instrument, mit dem sich Repräsentanten von Offizialkirchen und herrschenden Weltanschauungen lästige Konkurrenz vom Halse halten, die ihnen in manchen Elementen der Organisation und des Glaubens gar nicht so unähnlich sind, wie ihr Eifer vermuten lassen soll. Indem sie die Sekten an den öffentlichen Pranger stellen, hoffen sie, die lästigen und keineswegs erfolglosen Konkurrenten zu schwächen. Gleichwohl läßt sich das Bedeutungsfeld eines sozialwissenschaftlich gehaltvollen und in den wesentlichen Anwendungskriterien eindeutigen Sektenbegriffs für alle praktischen Fragen hinreichend sicher bestimmen. Sie erfüllen nahezu idealtypisch die Strukturmerkmale des Fundamentalismus. Die Frage ist nur, ob sie im Kern unpolitisch sind oder doch eine ins Gewicht fallende politische Dimension haben. Diese Frage steht im Zentrum der Debatten um Scientology.

Wie die anderen Psycho-Sekten weist Scientology eine Reihe von organisatorischen, psychologischen und ideologischen Kennzeichen auf, die aufs Haar denen gleichen, die für die großen politischen Fundamentalismen erkannt und beschrieben wurden. Nicht wenige dieser Sekten erfüllen im Aufmerksamkeitsschatten der Öffentlichkeit die Kriterien fundamentalistischer Verfassung, Denk- und Handlungsweise rigider und vollständiger als die großen politischen Organisationen des Fundamentalismus in den öffentlichen Arenen selbst. Sie errichten in allen Fällen auf der Basis absolut gesetzter Wahrheitsansprüche starre Strukturen weitreichender geistiger und sozialer Geschlossenheit und kultivieren ausnahmslos das hybrishafte Selbstbewußtsein, allein Garant und Vollender der Erlösung der Menschheit zu sein. Die Versuchung, bei gegebenem Anlaß über alle Köpfe der einfachen Mitglieder und erst recht der Außenstehenden hinweg nicht nur handeln zu dürfen, sondern sogar zu müssen, da dies in Wahrheit auch in deren eigenem verkannten Interesse liege, ist in die geistige Verfassung dieser Sekten als eine Art genereller Ermächtigungsklausel eingelassen.

Es ist allerdings die Frage, ob es sich bei den Sekten, die überall in Europa Aufmerksamkeit erregen, nur um eine gleichsam kulturell-lebensweltliche Variante des Fundamentalismus handelt, dann könnte die Anwendbarkeit des Fundamentalismusbegriffs selbst zweifelhaft sein, da dieser ja ein öffentlichkeitsbezogenes Element politischer Ideologie zur Voraussetzung hat. Oder haben Psycho-Sekten wie Scientology entgegen ihrer eigenen Darstellung und der überwiegenden öffentlichen Wahrnehmung doch auch eine genuin politische Dimension?

Die Antwort auf diese Frage ist von weitreichender praktischer Bedeutung. Im Falle des politischen Charakters ist beispielsweise die öffentliche Beobachtung und gegebenfalls auch die öffentliche Intervention legitim, die beide im unpolitischen Falle problematisch erscheinen müssen. Für Sekten dieser Art, deren politischer Charakter erwiesen ist, kann selbst die Mitgliedschaft nicht als eine reine Privatangelegenheit angesehen werden, die niemand sonst außer dem zur Mitgliedschaft entschlossenen Einzelnen etwas angehen dürfte.

Die Antwort auf die heikle Frage nach dem politischen Charakter einer Psycho-Sekte muß sich an einem differenzierten Begriff des Politischen orientieren, der nicht vorab schon Politik auf staatliches Handeln allein verengt. Auch in der Gesellschaft selbst findet ja in vielfältigen Formen durchaus Politik statt, und zwar überall dort, wo verbindliche Gemeinschaftsentscheidungen getroffen oder vorbereitet werden. Ausschlaggebend ist aber darüber hinaus die unbestreitbare Erkenntnis, daß die politische Kultur einer Gesellschaft, nämlich die Gesamtheit der auf das Politische bezogenen Einstellungen, Werte und Handlungsorientierungen ihrer Menschen, von ebenso gewichtiger Bedeutung für die Überlebenschancen der Demokratie ist wie das System der politischen Institutionen selbst, das sie sich schafft. Erst politische Kultur und politische Institutionen gemeinsam bilden das Fundament des politischen Gemeinwesens. Das hat sich in Deutschland beispielhaft im Schicksal der Weimarer Republik offenbart. Es ist später an der politischen Karriere der Demokratie in Ländern der Dritten Welt sichtbar geworden, in denen die importierten Institutionen des demokratischen Staates in kurzer Frist verkümmerten oder abgeworfen wurden, wenn die kulturellen Traditionen des Landes, die in eine andere politische Richtung wiesen, hartnäckiger waren als die gutgemeinten Importe. Die Netzwerke selbstbestimmten Bürgerhandelns in der Zivilgesellschaft und die vor allem in ihnen ermöglichten oder verhinderten Einstellungen und Gewohnheiten erhalten Demokratie am Leben und nicht allein das Skelett ihrer Verfassung.

Als Organisationen in der Zivilgesellschaft sind daher die Psycho-Sekten in gewissem Maße immer schon politisch, weil sie, wenn auch in wechselndem Maße, die verbindliche Regelung gemeinsamer gesellschaftlicher Angelegenheiten einschließen. Sie sind in jedem Falle höchst einflußreiche Mitproduzenten der politischen Kultur ihrer Gesellschaft, weil ihre Mitglieder auf prägende Weise Einstellungen zum Politischen einüben, die im Zweifelsfalle den Ausschlag dafür geben, ob die Menschen zu einem Verständigungshandeln unter Gleichen befähigt sind oder nicht. Das aber entscheidet über die Aussichten der Demokratie spätestens in der Krise und ist darum in jedem Falle eine politische Schlüsselfrage der Demokratie. Eine der Konsequenzen aus dem Scheitern der Demokratie von Weimar ist, daß in Deutschland Verbände und Parteien nicht nur in ihren politischen Bestrebungen die Normen und Institutionen der Demokratie respektieren, sondern ihnen auch in ihrer eigenen inneren Ordnung entsprechen müssen. Diese Forderung ist im öffentlichen Recht verankert.

Es ist nun aber, wie alle einschlägigen Studien belegen, gerade der eigentliche Funktionssinn der Psycho-Sekten, daß sie auf einer nichtverhandelbaren Heilsgewißheit basieren, über deren Auslegung und Anwendung nichtgewählte Führer autokratisch befinden. All diese Gruppen sind hierarchisch aufgebaut, mit einem über alle und alles erhabenen Führer an der Spitze. Die Abhängigkeit der Mitglieder ist ja gerade der Zweck der ganzen Übung, sie bedingt Auserwähltheitsbewußtsein der Überlegenen über den Rest der verworfenen Welt. Eine Anerkennung oder gar das offene Austragen von Konflikten, das Sinnzentrum der politischen Kultur der Demokratie, würde eben jene Identitätsrisiken ins Leben der Sektenmitglieder und ihrer Gemeinschaft zurückbringen, deren Vermeidung gerade ihr entscheidendes Beitrittsmotiv war. Das gilt in gleichem Maße für offene Kritik und die öffentliche Erwägung von Handlungsalternativen. Die Mitgliedschaft in Psycho-Sekten dieser Art entfremdet die Menschen dauerhaft und mit der unwiderstehlichen Macht des täglichen Lebens auf ganz praktische Weise von allem, wovon die politische Kultur der Demokratie lebt.

Ähnlich wie bei der japanischen AUN-Sekte, deren Führung weit über alles hinaus, was die Mitglieder wissen oder ahnen konnten, direkte staatspolitische Zwecke verfolgte, muß nach neueren Erkenntnissen auch bei der weltweit agierenden Sekte Scientology davon ausgegangen werden, daß die Führung unmittelbar staatspolitische Zwecke verfolgt. Diese fundamentalistische Organisation der Zivilgesellschaft wirkt nicht nur an der Erzeugung der politischen Kultur mit, sie agiert vielmehr unmittelbar politisch wie politische Verbände. Zu diesem gut begründeten Fazit kommt der Politikwissenschaftler Hans-Gerd Jaschke in einem Gutachten über den politischen Charakter von Scientology, das er 1996 der Landesregierung Nordrhein-Westfalen vorgelegt hat. Bei ihr handelt es sich demnach um eine fundamentalistische Organisation im strikten Sinne politisch-ideologischer Ausrichtung und Zielsetzung.

Jaschke zeichnet in sorgsamen Analysen der Organisationspraxis und der Ideologie die »totalitären Grundzüge« von Scientology im einzelnen nach. In beiden Bereichen ist die Demokratiefeindschaft überall mit Händen zu greifen. In informativem Gegensatz zum Selbstanspruch als Kirche hatte schon der legendäre Sektengründer L. Ron Hubbard ohne Versteckspiel von einer »politischen Dianetik« als Element seiner Sektenideologie gesprochen. Sie gipfelt in einem Führerkult auf der Basis totalitärer Ideologie und dem Anspruch, unter der Parole »clear«die politische Herrschaft in den einzelnen Ländern und schließlich auf der ganzen Welt an sich zu reißen und nach dem Muster der internen Organisation von Scientology selbst auszuüben.

Der Begriff des Totalitarismus bedarf Jaschke zufolge freilich im Falle dieser Sekte einer Neubestimmung. Es handelt sich bei ihr nämlich um »eine neuartige Form des politischen Extremismus«.[19] Obgleich ja ihre Ideologie und ihr Aufbau die bekannten Kriterien des rechten und des linken Extremismus nicht erfüllt, gleicht sie diesen historischen Formen des politischen Extremismus dennoch in wesentlicher struktureller Hinsicht, wenn auch in entscheidenden Punkten auf ihre eigene unverwechselbare Weise. »Dennoch scheint sich bei Organisationen wie SC eine neuartige Form des politischen Extremismus anzubahnen, orientiert an Ideen des absoluten, heldischen Übermenschen, der die lästigen Fesseln des Liberalismus und der Demokratie abstreift auf dem Weg zu einer Weltherrschaft, die auf totalitären und mit einer demokratischen Verfassung unvereinbaren Grundprinzipien basiert.«[20] Neu an diesem politischen Fundamentalismus ist kaum, daß er zunächst ausschließlich im kulturellen Bereich wirksam wird, um die Gemüter allmählich auf die große Umwälzung einzustimmen, die für viel später im politischen Bereich geplant ist. Das Neue ist eher eine Eigenart, die als solche zwar in beinahe allen fundamentalistischen Bewegungen in wechselndem Maße zu beobachten ist, von Scientology aber auf eigentümliche Weise auf die Spitze getrieben wird. Es ist die Differenz der Motive und Handlungszwecke zwischen Gefolgschaft und Führung. Während das Motiv für den Eintritt in die Sekte so gut wie immer die individuelle Identitätssuche und die Hoffnung auf Gewißheit und feste Lebensorientierungen ist und kaum je politische Machtgelüste ins Spiel kommen, leitet auf der Ebene der Führung der Organisation offenbar gerade dieses Motiv das gesamte Handeln.

In diesem Sinne werden Motivation und Gefolgschaftsbereitschaft der Sektenmitglieder, die ausschließlich psychosozialen Interessen entspringen, von einer Führung in Dienst genommen, die sie gegen die Absichten der Gefolgschaft für ihre eigenen, ganz anders gearteten Interessen politisch instrumentalisiert. In zahlreichen fundamentalistischen Bewegungen ist eine solche Dichotomie ausgebildet, die eine weite Spanne der Differenz der Handlungszwecke von Führung und Gefolgschaft aufweisen kann, vom Akzentunterschied zwischen psycho-sozialen und politischen Motiven bis hin zur bloß noch äußeren Verbindung der ideologischen Denkmuster bei gänzlich verschiedenen primären Handlungsabsichten.

Scientology zeigt in idealtypischer Reinheit den Doppelsinn der Formel von der politischen Instrumentalisierung kultureller Unterschiede. Dabei geht es eben nicht allein um die Indienstnahme kultureller Verschiedenheit für die Zwecke politischer Macht, die Menschen je für ihren eignen Gebrauch vornehmen, sondern in vielen Fällen auch um die Indienstnahme der psycho-sozialen Interessen von Menschen an reiner Identität für die politischen Machtkalküle Anderer, die das Identitäts-Interesse als eigenes Handlungsmotiv gar nicht teilen. Eine solche Dichotomie ist bei offen politischen Verbänden oder gar Parteien nicht möglich. Sie findet sich im politischen Fundamentalismus infolge seiner schillernden Zwischenstellung zwischen Religion und Politik indessen regelmäßig und kann wegen des kulturell-politischen Doppelgesichts des Fundamentalismus der Gefolgschaft über lange Zeiten hin verborgen bleiben. In diesem Sinne ist Scientology eine »neue Form« des politischen Extremismus und, wegen ihres trügerischen Doppelgesichts, eine über alle bekannten Formen des politischen Extremismus hinaus ernsthafte Bedrohung für die Demokratie.

Diese Doppelgesichtigkeit hat an der Oberfläche ihren Ausdruck in dem skurrilen Anspruch der Organisation gefunden, nichts als eine Kirche zu sein, aber eine, wie die Analyse ihrer Arkanideologie dann manifestiert, die wie eine politische Kampfformation operiert, die die politische Macht ergreifen will, wenn auch zunächst auf den leisen Sohlen einer Kulturrevolution. Als Kippfiguren zwischen Kirche und Partei, auch darin ist Scientology idealtypisch, erweisen sich denn in letzter Instanz die religiös fundamentalistischen Bewegungen überall auf der Welt. Ebendarin liegen ihr Geheimnis und der Schlüssel zur gewaltigen Macht, die sie entfalten können.

Durch Ausgrenzung erzeugter Identitäts-Wahn: Junge Türken in Deutschland

Die deutsche Öffentlichkeit zeigte sich überrascht und verwundert, als eine Arbeitsgruppe des Bielefelder Instituts für interdisziplinäre Konflikt- und Gewaltforschung zu Beginn des Jahres 1997 Umfrageergebnisse präsentierte, wonach ein Drittel der jungen Türken der dritten Generation in Deutschland im Alter von 15 bis 21 Jahren einem gewaltbestimmten religiösen Fundamentalismus zuneigen.[21] Gewiß, Zahlen sind immer problematisch, wenn es um die Einstellungen von Menschen, zumal die Abschätzung ihrer Bedeutung und Dauerhaftigkeit geht, und die Fragen, deren Beantwortung den Schluß auf die tieferliegenden Einstellungen ermöglichen sollen, entziehen sich selten dem Zweifel und der wohlbegründeten Anfechtbarkeit. Auch gegen Heitmeyers Studien sind methodische Einwände erlaubt.[22] Sie können Einschränkungen, Relativierungen und eine gewisse Skepsis in bezug auf die großen Zahlen begründen, aber nicht das Hauptergebnis in seinem qualitativen Anspruch widerlegen. Die Forschungsgruppe hat für ihren Analyseansatz besonders sorgfältig zwischen den unterschiedlichen Formen einer Renaissance des Religiösen und dem religiös begründeten politischen Fundamentalismus unterschieden, um auszuschließen, daß eine Verstärkung des religiösen Bewußtseins als solchem wahllos dem Fundamentalismus zugerechnet werden kann. Dabei werden unterschiedliche Arten, bei Unsicherheit persönliche und kollektive Identität über religiöses Selbstbewußtsein zu sichern, überzeugend differenziert. *Erstens*: Islamische Religiosität als persönliche Angelegenheit. *Zweitens*: Islamische Religiosität als Mittel kollektiver kultureller Abgrenzung in Konkurrenz zu anderen Kulturen. Und *drittens*: Die politische Verwendung islamischer Religiosität als Verbindung von Religion und Machtpolitik mit dem Ziel der Ausbreitung des Geltungsbereichs dieser Kultur und der Erringung einer Vormacht gegenüber konkurrierenden Kulturen. In Anschluß an den Stand der internationalen Fundamentalismusforschung wird nur die letzte Einstellung als Fundamentalismus bezeichnet, durch genaue Fragen ermittelt und in ihrer Verbreitung und den Gründen, die bei den Betroffenen zu ihrer Ausbildung führten, untersucht.

35,7 % der befragten türkischen Jugendlichen sind bereit, sich notfalls mit körperlicher Gewalt gegen Ungläubige durchzusetzen, wenn es der islamischen Gemeinschaft dient. 55,9 % waren der Auffassung, daß die Religionen anderer Nationen nichtig und falsch seien und ihre Angehörigen Ungläubige, der Islam mithin die einzige rechtgläubige Religion sei. Eine Anpassung an die westliche Lebensweise lehnen 56 % dieser Jugendlichen ab.

Mit einem gewissen Recht, wenngleich in überzogener Strenge, leitet das Forscherteam aus dem ebenfalls ermittelten Sachverhalt hoher Mitgliedschaftsraten der »fundamentalistischen« Jugendlichen in straff organisierten politisch-kulturellen Verbänden des Fundamentalismus die Prognose ab, daß der Fundamentalismus keine kurze Episode der Jugendzeit bleiben, sondern sich als eine stabile Orientierung im gesamten Leben der meisten dieser Menschen erweisen wird. Die Schlußfolgerung muß schon nach einem kurzen historischen Rückblick fraglich erscheinen, der daran erinnert, wie viele deutsche Jugendliche in den strikt fundamentalistisch ausgerichteten kommunistischen K-Gruppen der siebziger Jahre landeten und nach wenigen Jahre aufgrund der dort gemachten Erfahrungen in eher basisdemokratische Parteien wie die Grünen überwechselten oder der Politik ganz entsagten. Vielleicht kann auch für Fundamentalisten das Diktum des demokratischen Sozialisten George Bernard Shaw gelten, nach dem kein Herz hat, wer mit zwanzig kein Kommunist war, aber keinen Verstand, wer es mit vierzig noch ist.

Interessanter noch als die Ergebnisse selbst erscheinen die Ursachen, die die Jugendlichen in fundamentalistische Positionen hineintreiben: Orientierungslosigkeit und verweigerte Anerkennung in der Mehrheitsgesellschaft. Jeweils etwas mehr oder etwas weniger als die Hälfte der Befragten gab zu Protokoll, daß in der Gegenwart alles so unsicher geworden sei, daß jeder auf alles gefaßt sein müsse; daß den meisten Menschen ein richtiger Halt fehle; daß gegenwärtig alles so sehr in Unordnung geraten sei, daß niemand mehr wisse, wo er eigentlich steht, daß für die meisten ganz unklar geworden sei, was sie zu tun und zu lassen haben.

Diese Jugendlichen sind in Deutschland aufgewachsen, sprechen häufig makellos die Sprache des Landes, beherrschen seine wichtigen Kulturtechniken und kennen dessen Vorzüge, Gepflogenheiten und Schwächen zumeist nicht weniger gut als ihre deutschen Altersgenossen. Sie haben, soweit sie nun fundamentalistische Positionen übernommen haben, indessen Erfahrungen durchlaufen, die sie in die rigiden Identitätsansprüche der fundamentalistischen Version ihrer Ursprungskultur zurücktreibt, aber erst, nachdem ihr Versuch, eine offenere Identität zwischen der Herkunfts- und der Mehrheitskultur zu finden, auf verletzende Weise gescheitert ist. Fast die Hälfte von ihnen resümiert diese Erfahrung verweigerter kollektiver Identität in den Urteilen: »Die Deutschen lehnen uns ab, die Türken in der Türkei verstehen uns nicht, aber Muslime akzeptieren uns« und »Wir können uns nie als Deutsche fühlen, weil wir nicht dazugehören«. Diese Erfahrung versagter Anerkennung hängt nicht davon ab, ob der Einzelne, der sie macht, die deutsche Staatsbürgerschaft hat oder nicht. Entscheidend sind vielmehr persönliche Kränkungserfahrungen als »Fremder« und das wiederholte symbolische Erlebnis erniedrigender Gewaltanwendung gegen Ausländer im Aufnahmeland.

Die Erfahrung der Arbeitslosigkeit eines oder beider Elternteile und erhebliche Schwierigkeiten, einen Ausbildungsplatz zu finden, teilt das betroffene Drittel der türkischen Jugendlichen mit einem beträchtlichen Teil seiner deutschen Altersgenossen, aber es verarbeitet sie in einer Atmosphäre erlebter ethnisch-kultureller Diskriminierung auf kulturell akzentuierte andere Weise.

Dabei kommen natürlich stets individuelle Merkmale der prägenden Lebenserfahrungen in Kindheit, Familie und Umwelt ins Spiel, aber die ausschlaggebenden Gründe für den Willen zur Übernahme einer fundamentalistischen Identität sind doch in dem mißglückten Versuch zu sehen, eine tragfähige Identität nicht gegen die Mehrheitsgesellschaft auszubilden, sondern in ihr.

Diese Entwicklung wird gleichermaßen für das gesellschaftliche Zusammenleben und das politische Gemeinwesen der Bundesrepublik schwerwiegende Probleme aufwer-

fen. Sie zeichnen sich schon ab. Sobald charismatische Wort-
führer, mögen sie nun selbst fundamentalistisch gesonnen
sein oder nicht, dieses Potential bündeln, durch symbolische
Konflikte um kulturelle Unterschiede – sei es das Kopftuch
in der Schule, die zulässige Lautstärke der Stimme des Muez-
zin oder die Art der Tierschlachtung – aufheizen, um es für
ihre eigenen politischen Karriereinteressen zu instrumentalisieren, wird ein ungekanntes gravierendes Problem auftreten, das die deutsche Gesellschaft in dieser Dimension
selbst verschuldet hat durch ihre mangelnde Bereitschaft, die
kulturelle Differenz und die Angehörigen fremder Kulturen
anzuerkennen.

Es sei denn, sie zieht Konsequenzen, solange dazu noch
Zeit ist, denn wir wissen ja aus der Erfahrung vieler Länder,
daß der eine Fundamentalismus den anderen nach sich zieht
und nährt, der religiöse Fundamentalismus der Minderheit
den rechtspopulistischen Fundamentalismus der Mehrheit,
und daß am Ende das Gemeinwesen selber zum Opfer wird.

Ungewollte Wechselwirkungen.
Globale Szenarien für Kultur und Politik

Der Kampf der Kulturen

Huntingtons Szenario vom unvermeidlichen Kampf der Kulturen als Schicksal der Welt im 21. Jahrhundert ist in wenigen Jahren zum Rahmen für die ganze gegenwärtige Diskussion über das neu gewichtete Wechselverhältnis von Kultur und Politik in der Welt nach dem Ende des Ost-West-Gegensatzes geworden. Es gewinnt seine vordergründige Evidenz aus zwei Quellen: aus der tatsächlichen Neubelebung der Kultur als Bestimmungsfaktor politischen Handelns und aus der *Renaissance des politischen Fundamentalismus* in nahezu allen Kulturen der Welt. Da beide Quellen ganz unabhängig von dem Gebrauch, den Huntington von ihnen macht, wirklich reichlicher sprudeln als in einer langen Epoche zuvor, ist seinem Szenario Vertrauen zugewachsen weit über alle wissenschaftlichen und politischen Schlußfolgerungen hinaus, die er daraus in seiner Argumentation entwickelt.

Die grundlegende Beobachtung, von der Huntingtons Konstruktion ihren Ausgang nimmt, markiert eine neue Tendenz in der innen- und außenpolitischen Entwicklung, die im vergangenen Jahrzehnt zunehmend offenkundig geworden ist. Kulturelle Handlungsmuster, Wertorientierungen und das Bewußtsein kultureller Unterschiede, besonders aber die Rückbesinnung auf ethnische, nationale und religiöse Traditionen haben vielerorts den Platz im politischen Kräftespiel eingenommen, den bis dahin für eine ganze Epoche die großen Ideologien innehatten. Die Wechselwirkungen zwischen kulturellen und politischen Kräften bestimmt weltweit die

Dynamik des Politischen. Aus dieser triftigen Beobachtung leitet Huntington nun in fünf Argumentationsschritten höchst unterschiedlicher Plausibilität sein Kulturkampfszenario mit einem Gestus ab, als folge es wie von selbst aus den beobachteten Daten. Um die Suggestion der Argumentation zu brechen, muß sie in ihren einzelnen Schritten rekonstruiert werden.

Huntingtons Kulturbegriff, die eherne Grundlage seiner Theorie, beruht wie selbstverständlich auf zwei im höchsten Maße rechtfertigungsbedürftigen Voraussetzungen, die indessen nicht zur Diskussion gestellt werden. Die eine ist die *Herdersche Kugeltheorie der Kultur*, die andere die *Parsonsche Wertetheorie der Kultur*. Herders Kugeltheorie der vollkommenen Geschlossenheit kultureller Einheiten schließt andere Formen der kulturellen Kommunikation als die der Fremdheit und des Zusammenstoßes schon konzeptionell aus. Parsons Wertetheorie der Kultur sieht in grundlegenden sozialen Werten, die sich in jeweils anderer Weise ausprägen und zu höchst charakteristischen Mustern verbinden, das Sinnzentrum von Kulturen und die Ursache der Unterschiede zwischen ihnen. Diese Theorie ist als Zugang zum Verständnis von Kulturen und kulturellen Differenzen fruchtbar, zumal sie mit den sozialen Grundwerten Einheiten beschreibt, die als Brücken Kultur, soziale Lebenswelt und Politik verbinden.

Ausdrücklich führt Huntington darum den Konflikt der Kulturen, den er prophezeit, auf unversöhnliche Unterschiede im Verständnis sozialer Grundwerte zwischen den Kulturen zurück, die er zu sehen meint. Unverträgliche Wertüberzeugungen über die Beziehungen zwischen Bürger und Staat, Gott und Mensch, Mann und Frau, Rechte und Pflichten, Individuum und Kollektiv, Freiheit und Autorität, Gleichheit und Ungleichheit, Eltern und Kinder, geben jeder Kultur ihren spezifischen Sinn und verhindern in ihrer Gegensätzlichkeit Verstehen und Verständigung zwischen ihnen. Sie liegen wie Bleigewichte konstant und hartnäckig im Mittelpunkt der

Kugeln, bestimmen ihre plumpen Bewegungen und halten sie starr zusammen. Grundwerte strukturieren die Gesamtheit der sozialen Beziehungen in jeder Kultur und geben ihnen Bedeutung und Richtung. Huntington nimmt an, daß jede der von ihm herausgestellten großen Kulturen durch eine allein ihr eigentümliche Ausprägung der Grundwerte ihr Profil erhält und dadurch in Gegensatz zu den anderen Kulturen gerät.

Die unbestreitbare Zunahme der weltweiten Kontakte aller Kulturen untereinander – zwischen Nationen, die von ihnen durchdrungen sind, und innerhalb von Nationen, in denen sie einander mehr und mehr gegenübertreten – schärft unvermeidlich das Bewußtsein für die Eigenarten der je eigenen Kultur und für die Differenz zu den anderen. Reisen, Migration und Telekommunikation sind die zentralen Wege der ständig vielfältiger werdenden Kontakte. So gut wie alle Menschen sind betroffen.

Innerhalb der Kulturen finden infolge ihres neu entfachten Selbstbewußtseins radikalisierende Strömungen zunehmend Gehör, die, wie im Extremfall der Fundamentalismus, die Identität der jeweiligen Kultur besonders pointiert herausstellen und die Differenz zu den anderen unversöhnlich zuspitzen. Fundamentalistische Varianten des kulturellen Selbstbewußtseins füllen zudem die Lücken, die das Ende der alten Ideologien und die Schwäche des Nationalsstaates in einer globalen Weltwirtschaft aufreißen.

Auch die gesellschaftliche Modernisierung selbst wird mehr und mehr universell. Mit der Auflösung von Traditionen untergräbt sie überall die ursprünglichen Quellen von Identität und Orientierung. Die Suche nach neuen, zuverlässigen Quellen für Identität wird universell. Identität bildet sich vor allem und am eindeutigsten in der Unterscheidung vom Anderen. Auch aus diesem Grund liegt die politische Definition kultureller Identität in der Konkurrenz zu anderen kulturellen Identitäten nahe.

Widerstand kommt auf in der nicht-westlichen Welt, wird geschürt und organisiert gegen ungefragt ins Land drängende »westliche Werte« und kulturelle Praktiken. Das Bewußtsein der kulturellen Entgegensetzung wird schärfer.

Huntington setzt bei alledem durchgängig voraus, ohne diese alles entscheidende Annahme eigens zu begründen, daß eine andere Kultur wahrnehmen, die Unterschiede erkennen, sie ablehnen und sich in der Ablehnung zu ihrem Feind machen, ein einziger Akt sei, der als Reaktion in jedem Menschen abläuft, sobald Kulturen einander nahekommen. Dieses Herdersche Dogma ist die stillschweigende Grundlage all seiner Argumente.

Nachdem die Prämissen so gewählt sind und die Ausgangsbeobachtungen stimmen, ergibt sich die Schlußfolgerung unweigerlich: Die globalisierte Welt treibt ohne wirkliche Hoffnung der Verständigung auf einen Kampf der Kulturen zu, der nur in der Katastrophe enden kann. Jede Kultur, insbesondere der Westen, ist gut beraten, sich dafür zu rüsten.

Dieses vordergründig durchaus plausible neue Weltmodell steht bei genauerem Hinsehen jedoch auf tönernen Füßen, die überall kräftige Risse erkennen lassen. Nirgends macht sein Urheber den Versuch, für die Feststellung der Unterschiede der Grundwerte *empirische Daten* heranzuziehen. Gleichheit und Freiheit, Individuum und Kollektiv, Gesellschaft und Politik, Ordnung und Spontaneität werden gewiß in unterschiedlichen Gesellschaften verschieden bewertet, aber decken sich die Bruchlinien solcher Differenz mit den religiös bestimmten Kulturkreisen? Sind die Unterschiede in der Wertschätzung dieser Normen innerhalb der Kulturen nachrangig? Gibt es nicht auch Übereinstimmungen zwischen den Kulturen, Überlappungen in der Geltung der Grundwerte, die Kulturen einander ähnlich machen und Grundlagen für Konsens und Kooperation stiften? Empirische Daten, die beim Versuch, Antworten auf solche Fragen zu finden, ins Gewicht fallen, interessieren den Architekten des neuen Weltbildes vom Kulturkampf nicht. Wer solche Daten kennt, ist nicht überrascht, denn sie stützen Huntingtons Modell auf keine Weise. Die Daten betreffen aber die Schlüsselfrage im Wechselverhältnis von Kultur und Politik, denn sie enthalten die entscheidenden Hinweise dafür, *ob kulturell bestimmte politische Konflikte schon in den Kulturen selbst angelegt sind oder erst durch ihre politische Instrumentalisierung erzeugt werden.* Ob die Auseinandersetzung zwischen Serben und Bosniern im ehemaligen Jugoslawien, zwischen Hindus und Muslimen in Bombay oder zwischen Tamilen und Singhalesen in Sri Lanka von kleinen strategischen Gruppen politisch fabriziert oder aus den Wertgrundlagen der beiden Kulturen selbst entsprungen sind, ist aus dem Konflikt selbst nicht ersichtlich. Solche Fragen wirft Huntington indessen nirgends auf. Er verzichtet souverän auf alle Empirie. Das rein ideologische Konstruktionsverfahren erweist sich als die Voraussetzung dieses Szenarios.

Zwei der Grundannahmen, die wie Selbstverständlichkeiten in das Fundament des Modells eingelassen sind, erweisen sich im Lichte unparteiischen Erfahrungswissens als durch und durch fragwürdig. Die eine besteht in der Gleichsetzung von kulturellem Unterschied und feindseligem Konflikt. Nichts in der bisherigen Geschichte spricht dafür, daß diese Gleichung eine unumgängliche Notwendigkeit und nicht lediglich eine Möglichkeit beschreibt, die sich nur unter sehr spezifischen Voraussetzungen auch aktualisieren läßt. Die andere fragwürdige Grundannahme verbirgt sich in Huntingtons von Carl Schmitt geprägtem Politikbegriff. Überall setzt er Politik mit Kampf und Verfeindung gleich, als ob Politik sich nicht auch in der Tradition von Aristoteles und Hannah Ahrendt als Verständigungspraxis zwischen Menschen verstehen läßt, die sich gegenseitig als Gleiche anerkennen.

Abschottung durch Globalisierung

Der amerikanische Titel von Benjamin Barbers Buch setzt schrille Signale: *Jihad vs. McWorld*. Die moderne Welt wird zunehmend von einer heiklen und gewaltträchtigen Dialektik beherrscht. Dem immer hemmungsloseren Vordringen des amerikanischen Way of Life, verkörpert in seinen kulturellen Schlüsselsymbolen MTV, McDonalds, Nike und CocaCola, widersetzen sich in allen Kulturen der Welt die aggressiven Gegenmächte des Fundamentalismus, die indessen ihre Energien erst aus dem amerikanisch dominierten Weltmarkt beziehen, so wie sie ihm dann wieder, durch ihre eigenen trüben Erfolge, die Legitimation für sein weiteres Voranschreiten verschaffen.

Barber sieht eine symbiotische innere Verbindung zwischen den beiden globalen Trends der Gegenwart, die häufig als beziehungslose Gegenentwicklungen beschrieben werden. Es gibt den starken Trend der kulturellen Globalisierung. Die amerikanische Einheitskultur kann sich immer rascher über den ganzen Globus ausbreiten, seit der Weltmarkt selbst universell geworden ist und auch noch die letzten Barrieren für die Verbreitung von Gütern und Dienstleistungen niedergerissen hat. Kommunikation, Information, Unterhaltung und Handel überschreiten die letzten Grenzen und dringen in die äußersten Winkel lokaler Kulturreservate vor.

Und es gibt einen ebenso machtvollen und weltweiten Trend zur Selbstverhärtung lokaler kultureller Identität, die sich aggressiv gegen die Globalisierung und die Importe fremder Kulturen aus allen Teilen der Welt wendet, deren Ausbreitung auf die Vernichtung der lokalen Kulturen zielt. Universelle Märkte bringen lokalen Stammeshaß hervor, die weltweite Kirche der globalen Ökonomie produziert in ironischer Verkehrung die Stammespolitik der partikularistischen Identitäten, die »blutlose Ökonomie des Profits« gebiert – ohne es zu ahnen – die »blutige Identitäts-Politik«.[23] Jihad ist in Barbers Szenario der Name für die Suche nach lokaler kultureller Identität gegen den Weltmarkt, Mc World in einer Lesart das Symbol für den Weltmarkt selbst und die kulturellen Produkte, die er in grenzenlosem Eifer in alle Winkel des Globus verteilt.

Eine verdeckt bleibende Doppeldeutigkeit in beiden Schlüsselbegriffen, das Widerspiel einer zweiten unaufgeklärten Deutungsweise, schwächt allerdings dieses pfiffige Modell, das in wichtigen Grundzügen entscheidende globale Wechselwirkungen sichtbar macht. Jihad ist für Barber nämlich beides, die bloße kulturelle Selbstbehauptung einer Region gegen den Triumph der McDonalds-Kultur und deren fundamentalistische Extremform. Und McWorld bedeutet einerseits nur die Globalisierung der Weltmärkte und andererseits die weltweite Hegemonie der amerikanischen Trivialkultur, die durch sie möglich wird. Diese von Barber unreflektierte Doppelbödigkeit im Gebrauch der Grundbegriffe macht das Nachzeichnen der Wechselwirkungen im einzelnen oft schwierig.

Zunächst scheinen die Hauptfaktoren dieses Szenarios deutlich markiert. Der Weltmarkt untergräbt durch die Wahlmöglichkeiten, die er schafft, und die Mobilität, die er erzwingt, die Grundlagen eng gefaßter Stammeskultur und regionaler Identitäten. Gemeinsame Märkte begünstigen gemeinsame Handlungsorientierungen. Die Güter, die der Weltmarkt in alle Winkel des Globus trägt, sind aber keine neutralen Handelsartikel, die das eine Mal aus dem einen Land in das andere und das nächste Mal in der Gegenrichtung zirkulieren. Es sind vielmehr in der Hauptsache die Produkte der amerikanischen Ökonomie, die immer auch symbolische Schablonen des amerikanischen Lebensstils sind. Nike und McDonalds, MTV und Coca-Cola sind als materielle Güter zugleich immaterielle Symbole, in denen sich eine Lebensweise verdichtet. Der Import von Coca-Cola in die Philippinen bedeutet unweigerlich auch einen Angriff auf die Tee-

Kultur der lokalen Tradition, mit den besonderen sozialen Situationen und Zeitabläufen, der Ortsgebundenheit und der Gültigkeit alter Überlieferungen, die sie voraussetzt. Die Schlüsselprodukte des Weltmarkts sind symbolische Güter, die in sich selbst die Tendenz zur Relativierung und Verdrängung lokaler Kulturen bergen, sie sind »Vehikel von Ideologien«, »Ikonen des Lebensstils« und letzten Endes als bloße Güter zugleich hegemoniale kulturelle Strategien.[24]

Musik, Videoclips, Bücher, Theater, Themenparks bringen als Imageexporte aus einer einzigen Kultur die weltweite Angleichung des Geschmacks und der Lebensstile hervor. Der Weltmarkt macht dies möglich und lebt davon. An die Stelle der alten Großideologien mit ihren diskursiven Weltdeutungen und utopischen Versprechungen tritt die »Videology« mit ihren Bildern und Sofortgenüssen. Während ehedem Konsum und Werbung nur auf die Körper zielten, ist der symbolische Kosmos von McWorld auf die Seelen der Menschen gerichtet.

Die weltweite Verbreitung dieser ikonischen Einheitskultur ist der größte Feind der lokalen Kulturen in allen Teilen der Welt, aber zugleich profitieren die Mächte, die an der Selbstbehauptung der lokalen Kultur gegen McWorld arbeiten, von den globalen Kommunikationsnetzen, die sie zur Steigerung der Wirksamkeit ihrer eigenen Propaganda nutzen. Zudem erzeugen die ungerechten Verteilungsmechanismen des Weltmarktes eine immer größere Kluft zwischen Reich und Arm. Die Empörung der Betrogenen steigert ihr Mißtrauen gegen die Weltökonomie und ihre Empfänglichkeit für die Botschaften von Jihad gleichermaßen.

Der demokratischen Selbstbestimmung der Nationen sind beide, Jihad und McWorld, gleichermaßen, wenn auch aus verschiedener Stoßrichtung und aus unterschiedlichen Gründen, entgegengesetzt. Der Weltmarkt entzieht den nationalen Regierungen die Entscheidungsmacht über grundlegende Wirtschaftsfragen, und Jihad macht gegen die Ideen von Demokratie und Selbstbestimmung mobil. McWorld befreit die Nationen aus ihrer Isolierung, aber nur, um sie in neue Abhängigkeiten zu stürzen, die sie bitter empfinden. Es macht alle Grenzen durchlässig, aber so, daß auch Jihad von der Erweiterung der Aktionsräume profitiert, durch Kommunikation und Kooperation mit Gleichgesinnten anderswo oder durch erweiterte Mobilität in den eigenen Handlungsräumen.

McWorld, weil es mit seinen Produkten auf die Seelen der Menschen zielt, verleibt sich nicht nur Versatzstücke der Religionen aus aller Welt ein, es kann sogar noch die Botschaften und Einstellungen, die Symbole und Sehnsüchte der Fundamentalisten zur Ware machen und damit in sein eigenes System des globalen Symbolhandels einbeziehen. Letztendlich hat in Barbers Szenario die universelle amerikanische Kultur die Macht, sich die Bestrebungen und Sinnversprechen des Fundamentalimus einzuverleiben und damit über ihn zu triumphieren.

Jihad steht genau betrachtet nicht in Opposition zu McWorld, sondern erweist sich als ein Kontrapunkt seiner Entwicklung, eine dialektische Antwort auf die Modernisierung, die eben darum zur Modernisierung selbst noch hinzugehört; Jihad *durch* statt *gegen* McWorld. »Jihad ist der nervöse Kommentar der Moderne zu sich selbst.«[25]

Barber rechnet damit, daß die hartnäckigste Form des politischen Fundamentalismus sich in der islamischen Kultur festsetzen wird, da diese dessen Geburtsstätte sei. Fundamentalismus sei einer der Wesenszüge des Islam, dieser daher mit Demokratie nicht verträglich. Gleichwohl sei denkbar, daß aus Widerstandsenergien, die Jihad jeweils vor Ort, in den von der Zerstörung bedrohten Lebenswelten und Kulturen der Übermacht von McWorld entgegensetzt, das ja mit den nationalen Demokratien und den gesellschaftlichen Lebenszusammenhängen auch die Selbstbestimmungsfähigkeit der Menschen bedroht, ein »demokratischer Jihad« werden könnte, der dazu beiträgt, den wilden Kapitalismus zu zähmen.[26]

Das Zentrum und der Weg des Widerstands gegen beide Mächte, die in der gegenwärtigen Welt gleichermaßen Demokratie und Selbstbestimmung bedrohen, Jihad und McWorld, kann für Barber nur der Aufbau einer weltweiten Zivilgesellschaft sein, die außerhalb der Institutionen des Nationalstaats und ohne Bindung an seine zu eng gewordenen Grenzen die kulturelle, soziale und politische Selbstbehauptung der Menschen auch in der gegenwärtig erreichten Epoche der Modernisierung wieder möglich macht.

Barber führt in seinem Szenario vor Augen, in welchem Maße die ökonomische und kulturelle Globalisierung den Fundamentalismus nährt und dieser die weitere Globalisierung forciert. Er verdeutlicht die Wirkungsweise einiger Kräfte, die das neue Wechselverhältnis von Kultur und Politik dominieren. Im Mittelpunkt dieser Dynamik steht für die Auswirkungen von »Kulturimperialismus« und wirtschaftlicher Ungleichheit auf die Wahrnehmung der westlichen Kultur in vielen Teilen der Welt und das durch sie erzeugte Verlangen, sich im Widerstand gegen sie radikal auf die eigenen kulturellen Kräfte zu besinnen. Für das Verständnis des Wechselspiels zwischen globalisierter Kultur und Fundamentalismus ist zudem die Beobachtung aufschlußreich, daß die Fundamentalismen überall auf der Welt von eben denselben globalisierten Kommunikationsstrukturen für ihre eigene Kampagnenfähigkeit profitieren, die doch für den Transport der kulturellen Fracht geschaffen wurden, gegen die sie sich zur Wehr setzen.

Eine tiefgreifende Unklarheit des Szenarios im ganzen und eine Reihe von Ungereimtheiten im Detail. Da Barber sich auf nur zwei Grundbegriffe beschränkt, während er immerzu vier klar unterschiedene Sachverhalte und ihre Wechselwirkungen beschreibt, ergeben sich zwangsläufig Unklarheiten des Gesamtszenarios, und infolgedessen erklärt dieses

Szenario auf mitunter verwirrende Weise immer zuviel und zuwenig zugleich.

Es gibt ja zum einen den globalisierten Weltmarkt, der je nach Machtverteilung, dem Gewicht transnationaler Konzerne und der Fähigkeit der Weltgesellschaft, soziale, ökologische und politische Grenzen zu setzen, sehr unterschiedliche Wirkungen entfalten kann. Und es gibt die amerikanische Trivialkultur, das eigentliche McWorld, die sich keineswegs ohne entgegenkommende Neigungen in den jeweiligen Gastgesellschaften in den vom Weltmarkt vorbereiteten Bahnen in die Poren aller Kulturen ergießt. Doch beides ist nicht das gleiche. Es gibt außerdem einen Willen zur kulturellen Selbstbehauptung gegen den eindringenden amerikanischen Lebensstil, der keineswegs fundamentalistisch sein muß, und es gibt den militanten Fundamentalismus, der das durchaus legitime Interesse an kultureller Selbstbehauptung für seine eigene Identitätspolitk instrumentalisiert.

Barbers Szenario kann aufgrund seiner überstrapazierten Grundbegriffe nicht erklären, ja noch nicht einmal angemessen beschreiben, worin der Unterschied zwischen offenen Formen kultureller Selbstbehauptung und fundamentalistischer Identitätspolitik besteht und wann und unter welchen Umständen die erste in die zweite umschlägt. Er kann infolge der Gleichsetzung von Weltmarkt und McWorld auch keine Perspektive der sozialen, politischen und ökologischen Domestizierung des Weltmarktes ins Auge fassen, wie sie von der Linken in allen Teilen der Welt konzipiert und politisch betrieben wird. Sein anti-institutionalistisches Gegenrezept einer weltweiten Zivilgesellschaft erscheint gleichermaßen sympathisch und hilflos angesichts der organisierten und weltweit mobilen Kräfte von Wirtschaft und Politik. Ihm bleibt aber kein anderer Ausweg, weil seine Begriffsverengungen ein allzu reduziertes Bild von der Welt schaffen, das die großen Spielräume verdeckt, die der realistisch beschriebene Haupttrend im Wechselverhältnis von Kultur und Politik ja trotz allem läßt. Die aufschlußreiche und in wichtigen Teilen zutreffende Beschreibung des Wechselverhältnisses von Wirkfaktoren und Tendenzen gerät damit am Ende zu einem hermetischen Modell ohne ausreichende innere Unterscheidungen.

Öffnung durch Identität

Nach der Beobachtung von Joel Kotkin sprengt die Globalisierung wie durch eine List der Vernunft die Enge geschlossener ethnisch-kultureller Gruppen und weckt zuerst in den Metropolen der Welt und dann überall ein Verlangen nach Liberalität und Offenheit. Nach dem Fall von Kommunismus und Nationalstaat sind weltweit mobile Stämme die wichtigsten Handlungseinheiten im Prozeß der ökonomischen und informationellen Globalisierung geworden. Diese ethnisch-kulturell einheitlichen Gruppen mit einem ausgeprägten Gefühl der unangefochtenen eigenen Identität organisieren an den wichtigsten Schauplätzen der Welt den Prozeß der fortschreitenden Globalisierung.

Das Zusammenspiel von kosmopolitischer Offenheit und ethnisch-kultureller Geschlossenheit, das Selbstverständnis und Handlungsweise dieser »Weltstämme« ausmacht, resultiert aus den beiden komplementären Voraussetzungen ihres wirtschaftlichen Erfolgs. Sie müssen ethnisch-kulturell weitgehend geschlossen bleiben, damit ihr Zusammenhalt und das unbedingte wechselseitige Vertrauen, auf dem ihr Erfolg beruht, trotz ihrer Zerstreuung über den ganzen Globus intakt bleiben können. Und sie brauchen dennoch zugleich eine kosmopolitische Orientierung, weil sie überall auf der Welt in kulturell fremden Umwelten leben, auf deren Toleranz und Offenheit sie angewiesen sind.

Die Globalisierung der Wirtschaft mit all ihren rechtlichen, verkehrstechnischen und informationellen Voraussetzungen, ohne die sie gar nicht möglich wäre, muß organisiert werden. Kotkin sieht fünf Weltstämme, die sich seit dem Mittelalter auf ihre jeweils eigene Weise dieser Mission gewidmet haben. Die Juden seit dem Mittelalter, die Engländer seit dem 18. Jahrhundert, die Japaner seit den sechziger und siebziger Jahren dieses Jahrhunderts und nun als neue Sterne am Himmel der Globalisierung Chinesen und Inder. Es kommt für das Verständnis der Logik dieses Weltszenarios des Wechselspiels kultureller und politischer Kräfte nicht darauf an, wie vollständig die gebotene Liste der vergangenen und künftigen »Weltstämme« ist, wichtig ist zu verstehen, welches Geheimnis bewirkt, daß in ihrem Falle Kosmopolitismus und Tribalismus, Offenheit und Geschlossenheit, feste Identität und Toleranz so nachhaltig zusammenschließt.

Die Rolle von Katalysatoren und aktiven Vorposten der ökonomischen Globalisierung können die Stämme nur spielen, weil sie im Inneren durch eine Reihe besonderer Werte und Einstellungen eng zusammengehalten werden, die ihre je verschiedene, aber in wichtiger Hinsicht eben doch gemeinsame kulturelle Besonderheit ausmachen. All diese Stämme teilen im Rahmen ihrer je eigenen Traditionen einen starken Sinn für ihre gemeinsame Abstammung. Sie sind fest durch gemeinsame Werte, kulturelle Praktiken und Gewohnheiten verbunden. Ihre Mitglieder sind über weite Flächen des Globus verstreut und in allen größeren Kulturen zu Hause. Sie glauben unerschütterlich an den wissenschaftlich-technischen Fortschritt und seine Segnungen. Sie haben unter ihresgleichen, oft im Rahmen von Großfamilien und Verwandtschaftsverbänden, weltweite Netzwerke geschäftlicher Beziehungen geknüpft und sind an allen wichtigen Finanz- und Handelsplätzen präsent, an sich neu herausbildenden nehmen sie regelmäßig die ersten Plätze ein. Überall, wo sie sich niederlassen, umgeben sie sich mit einer dichten Infrastruktur ihrer eigenen kulturellen Symbole, Einrichtungen und Praktiken, von der Schule, über Restaurants, Kulturklubs, Geschäften bis hin zu den religiösen Kultstätten ihrer Tradition, so daß sie in dieser Hinsicht zugleich in der Fremde und bei sich selbst zu Hause sind, mögen sie nun in London, Singapur, New York oder Paris leben. Sie alle verkörpern infolgedessen eine Generationen umspannende kosmopolitische Erfahrung.

Es sind mithin gerade die engen Stammesbande, die ihre globale Mission ermöglichen, und es sind dann wieder die Umstände, unter denen sie diese allein erfüllen können, aus denen eine tolerant kosmopolitische Einstellung immer neue Nahrung bezieht. Ihr politisches Interesse ist auf offene, tolerante Verhältnisse in allen Ländern gerichtet, obgleich ihre internen Stammesstrukturen weit eher vom engen Geist des kulturellen Traditionalismus beseelt sind.

Die Stämme sind durch das, was sie zusammenhält, besonders gut darauf vorbereitet, sich mit Erfolg in einem weltweiten ökonomischen System zu bewegen, in dem Ideologien nichts mehr zählen, sondern nur noch kulturelle und religiöse Faktoren ins Gewicht fallen.

Ihre primär ökonomisch geprägte Rolle in einer weltweiten Ökonomie bewirkt die eigentümliche Verknüpfung von traditionalistischer Rigidität und Bereitschaft zu Innovation, Lernen und Anpassung an wechselnde äußere Umwelten. Die wechselseitige Fundierung von Stammesdenken und Weltbürgergesinnung, die diese Stämme auszeichnet, sticht vor allem vor dem Hintergrund der Erosion maßgeblicher Grundwerte in der anglo-amerikanischen und europäischen Kultur hervor. Eben jene Werte nämlich, die das Handeln der Weltstämme vorantreiben, wie Wettbewerbsgeist, Sparsamkeit, Technik- und Wissenschaftsbegeisterung und die Wertschätzung harter Arbeit schwinden aus der Motivationsbasis der europäischen und amerikanischen Eliten, die sich eher der Korruption und Lethargie ergeben.

Der Archipel der weltweiten Stammesniederlassungen und die Verbreitung der von ihnen mitgeprägten kosmopolitischen Städte schafft ein neues Muster kultureller Koexistenz. Es zeigt sich mit der Zeit, daß diejenigen Gesellschaften in der Weltwirtschaft Erfolg haben, die bereit sind, die Weltstämme willkommen zu heißen, und diejenigen zurückfallen, die sich ihnen verschließen. Die Politik der Ausschließung fordert rasch den hohen Preis des wirtschaftlichen Mißerfolgs. Der Erfolg entspringt aus einer fruchtbaren Konkurrenz zwischen den Mehrheitsgesellschaften selbst mit ihren wirtschaftlichen Akteuren und den hinzukommenden neuen Gruppen mit ihren andersgearteten Fähigkeiten und Gewohnheiten.

Die so entstehende multikulturelle Welt bewegt sich auf den Gleisen, die unter dem Einfluß der anglo-amerikanischen Pioniere einst gelegt wurden: Markt-Kapitalismus, kulturelle Diversität und politischer Pluralismus.

Kotkin sieht in diesem fast idyllischen Modell einer zugleich kulturell diversen, ökonomisch globalisierten und politisch geeinten Welt nur ein größeres Risiko. Der Rechtspopulismus kann überall zum Erfolg kommen, wo die ökonomische Situation großer Massen aussichtslos ist und Sündenböcke für die Erklärung der Lage und als Zielscheibe für die Patentrezepte rechter Agitatoren gebraucht werden. Dann werden die auch nach außen klar zum Ausdruck gebrachten kulturellen Besonderheiten der Weltstämme, die nach innen ihre weltverbindende Kraft schaffen, zu willkommenen Ansatzpunkten für die Haßkampagnen des Rechtspopulismus. Eine solche Gefahr ergibt sich aber nicht aus der Verschiedenheit der zusammenlebenden Kulturen selbst, sondern erst aus dem, was skrupellose politische Akteure in der Krise aus ihr machen.

Kotkins Modell basiert auf Erfahrungen und Beobachtungen, wenn auch nicht im wissenschaftlich-statistischen Sinne quantitativer Messungen. Er zeichnet exemplarisch die Geschichte und die Wirkungsweise der Netzwerke einer Reihe von Großfamilien aus den Kulturen nach, die er untersucht, und schildert mit vielen Details, wie das unbedingte

Vertrauen, das sie verbindet, ihre Kompetenz in der jeweils neuesten Technik und ihre schnellen, weitverzweigten und zuverlässigen Kommunikationswege wirkungsvoll ineinandergreifen. Dieses Modell läßt eine Möglichkeit im Wechselverhältnis von Kultur und Politik auf ganz überraschende Weise sichtbar werden. Die Ökonomie kann ein recht auskömmliches Verhältnis sogar zwischen den traditionalistischen Zivilisationsstilen unterschiedlicher Kulturen und einer Politik, die an Verständigung orientiert ist, vermitteln. Die Politisierung kultureller Differenz geht in diesem Szenario darum nicht schon aus dem kulturellen Unterschied selbst hervor, sondern erst aus dessen Mißbrauch in Zeiten der Krise.

Der Kampf in den Kulturen

Die breit angelegte, alle Kulturkreise der Welt einschließende Vergleichsstudie über Ursachen und Formen des Fundamentalismus, die von der *American Society of Arts and Sciences* jüngst durchgeführt worden ist, hat in ihrem von den Verfassern selbst nur vorsichtig resümierten Hauptergebnis viele Beobachter überrascht. Es kann nach dieser Studie als erwiesen gelten, daß religiös-politische Fundamentalismen in einander sehr weitgehend übereinstimmenden Strukturen in allen Kulturen der Welt in den letzten Jahrzehnten emporgekommen sind. Damit ist eine Reihe von Annahmen widerlegt, die im überwiegenden Teil der Fundamentalismustheorie und der Publizistik bis dahin vorgeherrscht hatten.

Fundamentalismus als Extremform der Politisierung kultureller Differenz ist eben weder auf die Kultur des Westens begrenzt, die einst den Begriff hervorgebracht hat, noch bestimmten Kulturen, wie etwa einer besonders verbreiteten Auffassung zufolge dem Islam, wesensverwandt oder gar vorbehalten. Er ist ebensowenig ein bloß westliches Analyseinstrument, für das sich in anderen Kulturen wohl Beispiele finden lassen mögen, das aber den fremden Kulturen durch westliche Sichtweisen bloß aufgenötigt wurde. Der kulturübergreifende Vergleich zeigt statt dessen, daß alle Kulturen unter beschreibbaren Bedingungen neben der modernisierenden und der traditionalistischen auch eine fundamentalistische Strömung der Selbstaktualisierung hervorbringen, die in ihren Strukturmerkmalen und ihren Funktionen trotz der großen Unterschiede der kulturellen Umwelten überall dieselben Eigenschaften zeigt und überall vergleichbare politische und psychologische Bedürfnisse bedient.

Dieser Befund schließt ein eigenes Szenario des globalen Wechselspiels von Politik und Kultur ein, in dem die Frontlinien des Kampfes der politisierten Kulturen nicht zwischen den großen Kulturen verlaufen, sondern in ihrem Inneren selbst. Die modernisierenden Strömungen, die in unserer Zeit längst schon in allen Kulturen Fuß gefaßt haben, ähneln einander in der Struktur ihres Programms, das der Durchsetzung von Individualisierung, Rationalisierung, Universalismus, Pluralismus und der Trennung von Religion und Staat gewidmet ist. Die sozio-kulturellen Milieus, die sich innerhalb der verschiedenen Kulturen unter dem Einfluß der Modernisierungsdynamik ausbilden, haben über die Grenzen der Nationen und Kulturen hinweg mehr Gemeinsamkeiten untereinander als mit traditionalistischen oder gar fundamentalistischen Milieus in ihrer eigenen Ursprungskultur. Auch die vom Traditionalismus geprägten sozialen Milieus ähneln einander in elementaren Einstellungen wie der Verteidigung von Patriarchat, Hierarchie, Großfamilie, dem Vorrang der Tradition und der Zentralstellung der Religion im Leben der Gemeinschaft und des Einzelnen sowie ihrem organischen Gesellschaftsverständnis über die Differenzen ihres kulturellen Sinnverständnisses hinweg in beträchtlichem Maße.

Der Fundamentalismus sagt den beiden konkurrierenden Strömungen – Modernismus und Traditionalismus – in jeder

der Kulturen den Kampf an und verficht kompromißlos das Ziel, durch seine eigene unbedingte Vorherrschaft mit der Übernahme der politischen Macht wieder die wahre Identität der überlieferten Kultur aus aller Verunreinigung neu auferstehen zu lassen und damit die Gesellschaft von den quälenden Problemen der Modernisierung ein für allemal zu heilen. Zwar gehen fundamentalistische Strömungen in einzelnen Fällen über Kulturgrenzen hinaus erstaunliche Bündnisse für begrenzte Zwecke ein, Teile des protestantischen Fundamentalismus der USA unterhalten enge Beziehungen zu Teilen des jüdischen Siedlerfundamentalismus in Israel, und jüngst war zu erfahren, daß Scientology beste Kontakte zum islamischen Fundamentalismus in der Türkei unterhält. Solche Solidarität entsteht freilich nicht zum anderen Fundamentalismus als Nachbarn, wenn er im eigenen Nahbereich um die kulturelle Vormacht konkurriert, sondern zum fernen Fundamentalismus, der in seiner eigenen Gesellschaft für dieselbe Sache kämpft und einsteht wie man selbst am eigenen Ort. Das entspricht der besten Tradition des Cuius regio, eius religio, nach der sich die Welt fürs erste einmal trefflich aufteilen läßt, wenn denn Verständigung und Zusammenleben ausgeschlossen werden sollen.

Weiter verbreitet bei den Fundamentalisten in aller Welt ist hingegen eine Haltung, die nicht nur die Konkurrenten innerhalb der eigenen gesellschaftlichen Lebenswelt unversöhnlich bekämpft, sondern ebenso die Repräsentanten des Fundamentalismus der anderen Kultur, die global gesehen vor allem Konkurrenten sind, die den eigenen Gewißheitsanspruch in Frage stellen.

Wenn die Dialektik der drei grundlegenden Zivilisationsstile in der Moderne eine universelle Charakteristik aller Kulturen ist und wenn der Fundamentalismus überall in gleicher Weise, wenn auch in unterschiedlichem Maße, die vormachtorientierte Politisierung der kulturellen Diffenz ist, dann ist ein weltweiter Kampf inmitten der Kulturen vorprogrammiert. Der Konflikt zwischen fundamentalistischem Zivilisationsstil und kultureller Modernisierung ist frontal und unversöhnbar. Eine globale kulturelle *Bruchlinie* existiert, aber sie verläuft nicht *zwischen* den Kulturen, sondern *in* ihnen, nämlich zwischen jenen, die nach der politischen Vormacht für ihr eigenes Verständnis der kulturellen Überlieferung streben, und jenen, die einen politisch-rechtlichen Rahmen für das Zusammenleben der verschiedenen Kulturen und Zivilisationsstile verlangen. Der Ausgang dieses Kampfes ist offen.

Die Sprache der Tatsachen. Befunde und Fakten

Wir sind keineswegs auf bloße Vermutungen angewiesen oder auf das Studium altehrwürdiger religiöser Quellentexte, wenn es um die Feststellung von Unterschieden und Übereinstimmungen zwischen den Kulturen geht, die für die Wahrscheinlichkeit des Konflikts zwischen ihnen und die Möglichkeit ihres Zusammenlebens von Belang sind. Außer der Ausdifferenzierung der Kulturen in die konkurrierenden Zivilisationsstile, die die Fundamentalismusforschung beschrieben hat, sind es vor allem die kulturvergleichende Werteforschung und die tatsächlich probierten Verständigungsversuche zwischen Vertretern unterschiedlicher Kulturen, die uns Aufschluß über Ausmaß und Reichweite kultureller Unterschiede geben können.

Von großem Gewicht ist zudem die kulturübergreifend vergleichende Erforschung der Ausdifferenzierung von Gesellschaften in sozio-kulturelle Milieus, weil sie die bisher feinsten Maßstäbe zur Ermittlung von Identität und Differenz von Kulturen bietet.

Die empirischen Forschungsergebnisse, die in den folgenden Kapiteln präsentiert und ausgewertet werden, sind geeignet, ein erfahrungsorientiertes Urteil über den Realitätsgehalt und die Zukunftsfähigkeit der dargestellten globalen Szenarien über den Zusammenhang von Kultur und Politik zu gewinnen. Sie sind aus unterschiedlichen Beobachtungsperspektiven gewonnen, so daß sich ihre Sichtweisen zu einem umfassenden Bild zusammenfügen, das der Wirklichkeit nahekommt.

Soziale Grundwerte in den Kulturen

Mit seiner Orientierung an der zentralen Rolle von Grundwerten für die Beurteilung der Identität und der Differenz
von Kulturen steht Huntington in einer respektablen Tradition. Seit Parsons paradigmatischen Studien hat sich in der
sozialwissenschaftlichen Forschung ein Verständnis eingebürgert, wonach soziale Grundwerte Kulturen auf je unterschiedliche Weise strukturieren, mit Sinn erfüllen und Prägekraft für die Gesellschaften, in denen sie gelten, im ganzen
gewinnen.[27] Werte deklarieren die Ausrichtung von Zielset-
zungen und Verhaltensweisen in den sozialen Verhältnissen
von Individuen zueinander und zum Ganzen ihrer Gesellschaft. Als ein letzter Maßstab fundieren sie Kulturen, da
sich alle anderen Faktoren, die deren jeweilige Eigenart bestimmen wie Rituale, Symbole, Leitfiguren, Praktiken, auf
sie stützen und in ihnen ihren Zusammenhang finden. Werte
strukturieren zugleich Gesellschaft und Politik, da sie den
Maßstab für deren legitime Ordnung enthalten. Darum läßt
in der Tat gerade ihr kulturübergreifender Vergleich einen
besonders informativen Aufschluß über Unterschiede und
Ähnlichkeiten von Kulturen erwarten. Und wenn der Vergleich empirisch und verläßlich ist, sogar ein gültiges Urteil.

Werte setzen letztgültige Maßstäbe für erwünschte soziale
Verhältnisse, individuelle Verhaltensweisen, gesellschaftliche
und politische Strukturen, Lebensziele und Ideale für das individuelle und kollektive Selbst. Sie binden darüber hinaus
auch die Gefühle der Menschen und leiten ihr moralisches
Urteil. Weil Werte im Verlaufe der Sozialisation vom Einzelnen erworben und im Zentrum seines Innenlebens verankert werden, spielen sie ihre sinngebende und identitäts-
stiftende Rolle ein ganzes Leben lang und sind durch spätere
Erfahrungen nur noch mit Mühe zu korrigieren.

Die Einstellungen, die Einzelne und Kollektive für die verschiedenen Bereiche ihres Lebens ausbilden, beispielsweise

eine eher liberale oder rigide, eine eher kritische oder loyale, eine eher auf Gleichheit oder Hierarchie setzende, werden zu langfristig festgelegten Gewohnheiten ihres Denkens, Fühlens und Wertens und entscheiden darüber, wo der Einzelne sich angenommen und zu Hause fühlen kann und wo nicht, was er als legitim anzuerkennen vermag und was er ablehnen muß. Die Einstellungen und Praktiken der Alltagskultur, wie Meinungen und Ansichten, Gewohnheiten und Umgangsformen, lassen sich zwar aus den Grundwerten nicht schlicht deduzieren, aber sie finden in ihnen doch ihren Sinn und ihre Grenze.

Der an der Oberfläche sichtbarste Ausdruck jeder Kultur sind ihre großen Symbole, Helden und Rituale, aber auch die Praktiken, in denen das alltägliche, das religiöse und das öffentliche Leben der Menschen seinen Ausdruck findet. In Frankreich versteht jeder, was Asterix bedeutet, die Französische Revolution, die Trikolore, Jean d'Arc oder Marianne, in Deutschland gilt dies für Hänsel und Gretel, das Brandenburger Tor, die Loreley und den Rhein.

Die Grundwerte des kollektiven Zusammenlebens und der individuellen Lebensführung haben ihre ältesten und häufig auch tiefsten Wurzeln in den Mythen und Religionen der Völker. Bedeutung und Rang von Religion für das soziale Zusammenleben und die politische Ordnung einer Gesellschaft gehen aber niemals aus der Überlieferung ihrer Texte, Doktrinen und Verheißungen allein hervor. Sie hängen, wie Max Weber überzeugend gezeigt hat, ebensosehr von den sozialen Interessen der Gruppen ab, die sie in einer Epoche für ihre Gesellschaft verbindlich auslegen, und vom Stand der Entwicklung und den besonderen Erfahrungen, die den aktuellen gesellschaftlichen Zustand prägen.

Der niederländische Sozialwissenschaftler Geert Hofstede hat zur empirischen Klärung der Frage nach dem wirklichen Unterschied der Kulturen eine groß angelegte Untersuchung in 65 Ländern durchgeführt.[28] Er hat IBM-Mitarbeiter in vergleichbaren Positionen befragt und ihre Antworten zu vier Grundwertemustern gebündelt, zu denen aus einer weiteren, stärker an Asien orientierten Studie noch ein fünftes hinzugenommen wurde. Die Einstellungen der Befragten zu diesen Grundwerten wurden länderweise erhoben. Die Grundwerte, um die es dabei der Sache nach geht, können gerade im Hinblick auf Gesellschaft, Wirtschaft und Politik den Anspruch erheben, von ausschlaggebender Bedeutung sowohl für die Eigenart der jeweiligen Kultur wie für ihre Vorstellungen vom sozialen Zusammenleben der Menschen zu sein.

Die Grundwerte *Gleichheit/Ungleichheit* beschreiben das Maß, in dem die Menschen in jeder Gesellschaft akzeptieren oder sogar wünschen, daß Macht und der Zugang zu den alle betreffenden Entscheidungen gleich oder ungleich verteilt sind. Das Ausmaß der Zustimmung zu Ungleichheit mißt der *Machtdistanz-Index PDI* (Power Distance Index). Je höher dieser Index ist, desto größer die Bereitschaft zur Hinnahme von Ungleichheit.

Die Grundwerte *Individualismus/Kollektivismus* beziehen sich auf das Maß, in dem Menschen darauf eingestellt sind, ihr Leben in individueller Verantwortung zu meistern oder sich in erster Linie als Mitglieder von Kollektiven zu verstehen, denen sie Loyalität schulden. Den Grad der Anerkennung dieses Grundwerts mißt der *Individualitäts-Index* (IDV). Je höher er ist, desto mehr wird Individualismus geschätzt.

Die Grundwerte *Maskulinität/Femininität* beschreiben erstrebenswerte Sozialrollen, die einerseits auf bestimmendes, hartes, konkurrenzorientiertes Auftreten und vorrangiges Streben nach Geld und Status gerichtet sind (»maskulin«) und andererseits auf Mitmenschliches, sanftes Auftreten und die Wertschätzung von Sozialbeziehungen und den Umgang mit Kindern (»feminin«). Auch wenn die Wortwahl Hofstedes für die Bezeichnung dieses Grundwerts irreführen kann, die bezeichneten Eigenschaften sind sinnvoll und wohldefiniert.

Sie können jeweils sowohl von Männern wie von Frauen geschätzt werden, da sie ja nur bevorzugte Sozialrollen beschreiben. In einer eher »weiblichen« Gesellschaft teilen besonders viele Männer die »weiblichen« Werte. Je höher der *Maskulinitäts-Index* (MAS), desto dominanter die »männlichen« Werte.

Das Lebensziel größtmöglicher *Unsicherheits-Vermeidung* (Uncertainty Avoidance) entspricht der Wertschätzung unflexibler, eindeutig festgelegter sozialer und politischer Verhältnisse, in denen möglichst weniges offen und gestaltbar erscheint. Ungewisse und unbekannte Situationen werden als Bedrohung erfahren, umfassende Regelungen und Festlegungen gelten als erstrebenswert. Das Maß der Schätzung dieses Wertes kommt im *Unsicherheits-Vermeidungs-Index* (UAI) zum Ausdruck. Offenkundig entspricht ein hoher Wert hier der Anfälligkeit für Fundamentalismus.

Der Grundwert der *Langfrist-/Kurzfrist-Orientierung* unterscheidet zwischen der Wertschätzung eines Verhaltens, das auf die Zukunft gerichtet ist und darum vorrangig Beharrlichkeit, Sparsamkeit und die Sicherung des eigenen Sozialstatus (nach Status geordnete Beziehungen, Schambewußtsein) betont im Gegensatz zu einer auf die Befriedigung gegenwärtiger Bedürfnisse ausgerichteten Einstellung. Langfrist-Orientierung *(Longterm-Orientation LTO)* gilt als ein Wert, der vor allem einer Traditionslinie im *Konfuzianismus* entspricht (confucian dynamism) und in herausragendem Maße in jenen asiatischen Gesellschaften verbreitet ist, die weltweit höchsten Raten wirtschaftlichen Wachstums verzeichnen. In Anspielung auf Max Webers These von der auslösenden Rolle der protestantischen Ethik als »Geist des Kapitalismus« für dessen historisch beispiellose Entfaltung in den kalvinistisch geprägten Gesellschaften hat sich in der Debatte über »asiatische« Werte für diese Einstellung das Schlagwort »protestantische Ethik des 21. Jahrhunderts« eingebürgert. Diesen Wert mißt der *LTO-Index*.

Die Vergleichsstudie Hofstedes hat die Akzeptanz dieser Grundwerte in über 65 Ländern untersucht, die allen großen Kulturkreisen angehören. Die beiden Sachverhalte, daß die verglichenen Grundwerte in der Tat im Herzen der jeweiligen Kulturen angesiedelt sind und daß der Vergleich alle Kulturkreise umfaßt, läßt die Ergebnisse dieser Forschungsarbeit als bestmögliche empirische Beurteilungsinstanz für die Frage nach dem Realgehalt der Kulturkampfthese und der anderen globalen Szenarien erscheinen. Freilich gilt dies mit der Einschränkung, daß die Kulturkreise ungleichgewichtig berücksichtigt sind, einige mit nur einem einzigen Land.[29] Die Hauptergebnisse sind dennoch eindeutig.

Während Hofstede selbst, der die Daten erarbeitet hat, gerade am Aufweisen der Unterschiede im Profil der nationalen Kulturen interessiert war, um unterschiedliche Managementstrategien nach ihnen auszurichten, haben wir seine Daten auf Kulturkreise bezogen und nach eigenen Methoden neu ausgewertet, um sie als empirische Beurteilungsinstanz für unsere eigene Schlüsselfrage nach innerkulturellen Differenzen und zwischenkulturellen Übereinstimmungen und Überlappungen nutzen zu können.[30]

Die empirischen Befunde lassen sich folgendermaßen zusammenfassen:[31]

In allen Kulturkreisen läßt sich eine sehr hohe Abweichung der einzelnen Länder von den errechneten Durchschnittswerten feststellen. Bei einer Punkteskala, auf der jedes Land je nach den in den Umfragen erreichten Prozentzahlen für die einzelnen Grundwerte einen Rangplatz zwischen 1 und 100 einnimmt, ist im *christlich-westlichen Kulturkreis* die Spannweite beim Grundwert *Gleichheit* sehr hoch: 57 Punkte (je höher die Rangzahl, desto höher die Akzeptanz von Ungleichheit: Die Spannweite der 21 eingeschlossenen Länder reicht von Frankreich 68, Großbritannien 35, Australien 36 bis zu Österreich 11); beim Grundwert *Individualismus* ist die Spannweite zwischen den Extrempositionen 64 Punkte (je höher der Wert, desto größer die Wertschätzung von Individualismus: USA 91, Frankreich 71, Schweden 71, Portugal 27); Grundwert *Maskulinität* (hohe Punktzahlen entsprechen hoher Wertschätzung: Spannweite 74 Punkte: Österreich 79, Belgien 54, Norwegen 8, Schweden 5); Grundwert *Unsicherheitsvermeidung* (hohe Zahlen drücken hohe Wertschätzung aus: Spannweite 89: Griechenland 112, Portugal 104, Niederlande 53, Schweiz 58, Schweden 29, Dänemark 23); Grundwerte *Langzeitorientierung* (Spannweite 21: Niederlande 44, Deutschland 31, Kanada 23).

Die Spannweiten im Werteprofil zwischen den Extrempositionen sind so erheblich, daß man nur von einer hochgradigen *Heterogenität im Grundwerteprofil der Länder des westlichen Kulturkreises* sprechen kann. Ganz offensichtlich haben bei der Ausprägung des tatsächlich festzustellenden Grundwerteprofils dieser Länder andere Faktoren einen maßgeblicheren Einfluß gehabt als deren Zugehörigkeit zur selben kulturellen Tradition.

Für den *islamischen Kulturkreis* gilt ähnliches: *Ungleichheit* (Spannweite 49: Malaysia 104, Indonesien 78, Türkei 66, Pakistan 55); *Individualismus* (Spannweite 27: Iran 41, Türkei 37, Malaysia 26, Indonesien 14, Pakistan 14); *Maskulinität* (Spannweite 10: hier liegen die Länder also vergleichsweise dicht beieinander: arabische Staaten 53, Malaysia und Pakistan 50, Türkei 45, Iran 43); *Unsicherheitsvermeidung* (Spannweite 49: Türkei 85, arabische Staaten 68, Malaysia 36); für *Langzeitorientierung* liegen nur zwei, allerdings weit abweichende Werte vor: Bangladesh 40, Pakistan 0). Im islamischen Kulturkreis läßt sich zwar beim Grundwert *Maskulinität* eine hohe Übereinstimmung feststellen, und beim Grundwert *Individualismus* ein insgesamt niedriger Durchschnittswert, im übrigen sind aber auch hier die *Abweichungen sehr groß*. Es zeigt sich kein einheitliches Profil.

Der konfuzianische Kulturkreis hat folgende Werte: Ungleichheit (Spannweite 16: Singapur 74, Hongkong 68, Taiwan 58); *Individualismus* (Spannweite 8: Hongkong 25, Taiwan 17); *Maskulinität* (Spannweite 18: Hongkong 57, Singapur 48, Südkorea 39); *Unsicherheitsvermeidung* (Spannweite 77: Südkorea 85, Taiwan 69, Hongkong 29, Singapur 8); *Langzeitorientierung* (Spannweite 70: China 118, Südkorea 75, Singapur 48). Auch innerhalb dieses Kulturkreises sind die *Spannweiten teilweise beträchtlich*, eine Konvergenz läßt sich lediglich, den Traditionen entsprechend, bei den sehr niedrigen Werten und Abweichungen beim Individualismus feststellen.

Für den lateinamerikanischen Kulturkreis ergibt sich: Ungleichheit (Spannweite 60: Panama 95, Kolumbien 67, Costa Rica 35); *Individualismus* (Spannweite 40: Argentinien 46, Costa Rica 15, Peru 16, Ecuador 8, Guatemala 6); *Maskulinität* (Spannweite 52: Venezuela 73, Panama 44, Costa Rica 21); *Unsicherheitsvermeidung* (Spannweite 34: Guatemala 101, Uruguay 100, Chile und Costa Rica 86, Ecuador 67); *Langzeitorientierung* (nur für Brasilien liegt ein Wert vor: 65). Auch hier sind die *Spannweiten sehr groß, erhebliche Unterschiede in den Grundwerteprofilen* beherrschen das Bild, auch wenn Charakteriska hervorstechen, so die hohen Durchschnittswerte für Unsicherheitsvermeidung und Ungleichheit und die niedrigen für Individualismus.

Zum Vergleich ein Blick auf vier Länder, die jeweils als einzige aus ihrem Kulturkreis vertreten sind: *Israel* (jüdisch): *Ungleichheit* 13, *Individualismus* 54, *Maskulinität* 47, *Unsicherheitsvermeidung* 81; *Indien* (weit überwiegend hinduistisch): *Ungleichheit* 77, *Individualismus* 48, *Maskulinität* 56, *Unsicherheitsvermeidung* 40, *Langzeitorientierung* 61; *Japan*: *Ungleichheit* 54, *Individualismus* 46, *Maskulinität* 95, *Unsicherheitsvermeidung* 92, *Langzeitorientierung* 80; *Thailand* (buddhistisch): *Ungleichheit* 64, *Individualismus* 20,

Maskulinität 34, *Unsicherheitsvermeidung* 64, *Langzeit-orientierung* 56.

Besonders informativ werden die Ergebnisse dieser empirischen Untersuchung dann, wenn zunächst die Länderpaare mit der *größtmöglichen Ähnlichkeit* der Werteprofile verglichen werden und dann diejenigen mit dem *größtmöglichen Kontrast* der Werteprofile. *Transkulturell* sind sich 48 Länderpaare im Werteprofil *ähnlich, intrakulturell* hingegen nur *43*. Über alle 5 Grundwerte berechnet, soweit auch für die Langzeitorientierung Daten vorliegen, sind sich in ihrem Grundwerteprofil die folgenden Länderpaare am ähnlichsten:

Malaysia/Philippinen; Indonesien/Westafrika; Ost-Afrika/Thailand; Ost-Afrika/Taiwan; Arabische Staaten/Mexiko; Pakistan/Peru; Brasilien/Türkei; Südkorea/Peru/El Salvador/Chile/Jugoslawien; Portugal/Uruguay; Argentinien/Spanien; Portugal/Türkei; Portugal/Südkorea.

Das Ergebnis ist unzweideutig: Es gibt genau so viele übereinstimmende Werteprofile zwischen Ländern unterschiedlicher wie übereinstimmender Kulturzugehörigkeit. Einige Länder, deren Grundwerteprofil einander am meisten ähnelt, gehören sogar gänzlich unterschiedlichen Kulturkreisen an, befinden sich aber überwiegend auf einem vergleichbaren sozialökonomischen Entwicklungsniveau.

Innerhalb der jeweiligen Kulturkreise lassen sich aufgrund der Daten Länderpaare mit weit auseinanderlaufendem Grundwerteprofil bilden, die in mehreren Grundwertebereichen kaum noch Ähnlichkeiten und eine sehr hohe Differenz in der Summe aller Grundwerte aufweisen: Im Westen: Griechenland/Dänemark; Portugal/Dänemark; Portugal/Irland; Portugal/Großbritannien; im *Konfuzianismus*: Südkorea/ Singapur; im Islam: Malaysia/Türkei; in Lateinamerika: Guatemala/Argentinien; Costa Rica/Ecuador u. a.

Es gibt also einige für die verschiedenen Kulturkreise charakteristische Durchschnittswerte bei den ermittelten Grundwerten, aber die Heterogenität innerhalb der Kulturen einerseits und weitgehende Übereinstimmungen im Werteprofil von Ländern, die ganz unterschiedlichen Kulturkreisen zugehören, fallen stärker ins Gewicht. Diese Daten legen eine Reihe vorsichtiger, aber klarer und gut belegter Schlußfolgerungen nahe:

Die Kulturen der Welt sind keineswegs durch scharfe oder überhaupt eindeutige Differenzen in der Geltung der zentralen Grundwerte voneinander unterschieden.

Die Kulturen sind zwar tatsächlich durch eine besondere Wertschätzung von ein oder zwei der Grundwerte charakterisiert, überlappen sich aber in anderen Grundwerten weitgehend.

Auch da, wo charakteristische Differenzen bei einigen Grundwerten zwischen den Kulturen festzustellen sind, handelt es sich um vergleichsweise begrenzte Unterschiede.

Auch da, wo in den Durchschnittsergebnissen bei einigen Grundwerten kulturspezifische Akzentuierungen zu beobachten sind, handelt es sich um vergleichweise begrenzte Unterschiede.

Einige der Länder mit den größten Werteprofildifferenzen entstammen denselben Kulturkreisen, einige der Länder mit den größten Übereinstimmungen gehören gänzlich unterschiedlichen Kulturen an.

Offensichtlich spielen nationale Erfahrungen und der Stand der sozio-ökonomischen Entwicklung der Länder im ganzen gesehen für ihr jeweiliges Werteprofil eine größere Rolle als die religiös-kulturellen Ursprünge.

Kulturelle Unterschiede sind keine Sperre für Ähnlichkeiten und Überlappungen im Werteprofil.

Kulturelle Gemeinsamkeiten sind keine Gewähr für Ähnlichkeiten oder Überlappungen im Werteprofil.

Die Ideologie vom Kampf der Kulturen aufgrund unversöhnlicher Differenzen ihrer sozialen Grundwerte findet in den empirischen Daten keine Bestätigung, im Gegenteil: kulturübergreifende Ähnlichkeiten und Überlappungen lassen sich zwischen allen Kulturen erkennen. Die Konfliktlinien, die in der Sache begründet sind, verlaufen vielmehr in den Kulturen.

Postmaterialismus in den Kulturen

Die Befunde aus der Hofstede-Untersuchung erfahren in der Gesamttendenz der Ergebnisse eine noch deutlichere Akzentuierung durch die empirischen Befunde einer Vergleichsstudie zu 40 Ländern in 5 Kontinenten, die 70 % der Weltbevölkerung umfassen. Ronald Inglehart und Paul A. Abramson haben diesen Vergleich im Hinblick auf die Verbreitung von *materialistischen* und *postmaterialistischen* Werten in den entsprechenden Ländern und Kulturen erarbeitet. Eine materialistische Wertorientierung wird nach diesem Konzept Menschen zugeschrieben, die die zuerst genannte Gruppe von Lebenszielen deutlich höher schätzt als die zweite: Kampf gegen steigende Preise, starke Landesverteidigung, wirtschaftliches Wachstum, stabile Wirtschaft, Kampf gegen Verbrechen, Gesetz und Ordnung. Eine postmaterialistische Einstellung hingegen kommt denen zu, die die zweite Gruppe von Zielen höher schätzten als die erste: mehr Mitbestimmung im Arbeitsleben, eine weniger unpersönliche Gesellschaft, Ideen sollen einen höheren Wert besitzen als Geld, mehr Partizipation in der Politik, Redefreiheit, schönere Städte.

Es hat sich gezeigt, daß diese Werteskalen sinnvoll in allen Kulturen angewendet werden können, weil das Verständnis der genannten Ziele in der Sache übereinstimmt. Inglehart hat schon im Verlaufe der letzten zweieinhalb Jahrzehnte durch wiederholte Umfragen festgestellt, daß in Europa die Verbreitung der postmaterialistischen Werte ständig voranschreitet. Seine Erklärung lautet zusammengefaßt, daß die

Wertprägung von Menschen in den Jugendjahren erfolgt und daß jene Werte dabei die größte Bedeutung erlangen, die in dieser Zeit am meisten vermißt werden.

Die skizzierte Skala zur Messung von Materialismus/ Postmaterialismus ist komplexer und informativer als der Anschein, den sie erweckt, weil die stärkere Hinwendung zu postmaterialistischen Orientierungen eine Reihe anderer Schlüsselwerte einschließt, so etwa Individualismus, soziale Verantwortung, ökologisches Bewußtsein und politischen Teilhabewillen. Bezogen auf die Frage des Verhältnisses von kulturellen Unterschieden und Grundwertedifferenzen sind die Ergebnisse dieser Studie interessant und klar.[32]

Das Maß der Verbreitung postmaterialistischer Wertorientierung ist eindeutig und ausschließlich von der Höhe des erreichten Wohlstands*niveaus* anhängig und von den kulturell-religiösen Unterschieden so gut wie unbeeinflußt. Das Maß der Unterschiede in der materialistischen und postmaterialistischen Wertorientierung zwischen den Generationen einer Gesellschaft ist durch die *Raten* des wirtschaftlichen Wachstums der einzelnen Gesellschaften bedingt und ebenfalls völlig unabhängig von kulturellen Faktoren.

Postmaterialismus ist eine bedeutsame soziale Wertedimension, da er entscheidenden Einfluß auf die persönliche Lebensweise und die individuelle Arbeitsethik sowie auf die Inhalte und den Stil der Politik ausübt, die der Einzelne bevorzugt. Die Tatsache der Konvergenz in dieser Wertedimension unter großen Teilen der besser situierten Angehörigen der jüngeren Generation in allen Gesellschaften über alle kulturellen Unterschiede hinweg ist darum für die Beurteilung der wirtschaftlichen und politischen Folgen kultureller Zugehörigkeit von größtem Gewicht.

Postmaterialistische Werte setzen sich in der jüngeren Generation in dem Maße durch, wie sie in ihrer Prägephase die Erfahrung eines gewissen Maßes an Wohlstand, Sicherheit und wirtschaftlichem Fortschritt gemacht haben, und zwar ganz unabhängig von den kulturellen Traditionen ihrer Herkunft. Sie behalten dann, wie die empirischen Längsschnittuntersuchungen von Inglehart gezeigt haben, diese Orientierungen ein Leben lang bei und verändern auf diese Weise die Kultur ihrer Gesellschaft nachhaltig.

Sozio-kulturelle Milieus in den Kulturen

Die unterscheidende Wirkung der konkurrierenden Zivilisationsstile, die stille, aber nachhaltige Revolution durch Verbreitung postmaterialistischer Werte, die Logik der kulturellen Modernisierung und die unterschiedlichen sozialen und wirtschaftlichen Erfahrungswelten haben zu einer weit aufgefächerten Binnendifferenzierung der Wertorientierungen in den zeitgenössischen Gesellschaften geführt. Im Anschluß an die Arbeiten des französischen Soziologen Pierre Bourdieu ist dies in den Milieu-Studien des Sinus-Instituts, Heidelberg, und des Sigma-Instituts, Mannheim, eindrucksvoll und mit vielen lebensweltlichen Details zunächst für die Bundesrepublik Deutschland und mittlerweile für eine größere Anzahl europäischer Gesellschaften, für die USA, Kanada, Japan und Thailand gezeigt worden.[33] Die konkrete Alltagskultur der unterschiedlichen gesellschaftlichen Milieus driftet innerhalb aller untersuchten Gesellschaften weit auseinander. Milieus sind soziale Netzwerke von Menschen, die in ihren zentralen ethischen und alltagsästhetischen Orientierungen miteinander übereinstimmen, sich aber von den Angehörigen der anderen Milieus tatsächlich und ihrem eigenen Empfinden nach deutlich unterscheiden. Sie teilen Werte, Lebensgüter und Lebensphilosophien und haben zu den grundlegenden Fragen ihres Verhältnisses zu Arbeit und Beruf, materieller Sicherheit und Lebensstrategie, aber auch zu Politik, Gesellschaft, Familie, Partnerschaft, in ihren Vorstellungen von Glück und Liebe, Gerechtigkeit, Individualität und Gleichheit, Freizeitgestaltung, den bevorzugten Formen ihrer Kommunikationsgewohnheiten und des sozialen Lebens übereinstimmende Vorstellungen. Ihre alltagsästhetischen Grundbedürfnisse gleichen einander weitgehend, dies betrifft die Zeitungen, die sie lesen, die Filme, die sie bevorzugen, die Wohnwelten, in denen sie sich zu Hause fühlen, die Cafés und Restaurants, die sie aufsuchen, die Kleidung, in der sie sich wohlfühlen und gesehen werden wollen.

Zwischen den Angehörigen desselben Milieus ist die Kommunikation intensiv und sympathisierend, mit den Repräsentanten der anderen Milieus werden viel weniger Beziehungen unterhalten; sie werden einander um so fremder, je mehr sie sich in ihrer Lebensethik und Alltagsästhetik voneinander unterscheiden. Für die Zugehörigkeit zu einem Milieu spielen Einkommen und Bildung zwar weiterhin eine begrenzende, aber keine eindeutig bestimmende Rolle mehr. Dem Einzelnen steht es, mitbedingt durch Beruf und soziale Erfahrung, in zunehmendem Maße frei, seine eigene Lebensethik und Alltagsästhetik zu wählen und damit einem der höchst verschiedenartigen Werte-Milieus zuzugehören. Je nachdem, ob ihn eine mehr traditionelle, materielle oder modernisierte Wertorientierung überzeugt, und je nachdem, welche der verschiedenartigen Ästhetiken des Alltagslebens er als Ausdruck seines eigenen Lebensstils empfindet, findet er sich in seiner Erfahrungswelt inmitten eines je besonderen Milieus, mit seinesgleichen eng verbunden, von den Anderen distanziert oder gar entfremdet.

In der Bundesrepublik Deutschland lassen sich nach diesen Maßstäben neun sozio-kulturelle Milieus unterscheiden. Im Bereich der Oberschicht und der oberen Mittelschicht das *Konservativ-Gehobene*, das *Technokratisch-Liberale* und das *Alternative*. Sie gehören annähernd denselben Einkommensgruppen an, haben dasselbe Bildungsniveau, sind aber mit steigender Tendenz in der genannten Reihenfolge in ganz unterschiedlichem Maße von modernisierten Wertmustern geprägt. Dasselbe gilt im Bereich der mittleren Einkommen und Bildungsniveaus für das *Kleinbürgerliche*, das *Aufstiegsorienierte* und das *Neue Arbeitnehmermilieu*, und im Bereich der Unterschichten für das *Traditionelle* und das *Traditionslose Arbeitermilieu*. Das *Hedonistische Milieu* mit seiner Orientierung am Genuß als Lebensstil liegt mehr als alle anderen Milieus quer zu den sozialen Schichtunterschieden und umfaßt Menschen aus allen Einkommens- und Bildungsschichten.[34]

Angehörige des *Kleinbürgerlichen* und des *Alternativen Milieus*, des *Traditionellen Arbeitermilieus* und des *Technokratisch-liberalen Milieus*, des *Konservativen* und des *Hedonistischen Milieus*, um beispielhafte Kontrastpaare zu nennen, besitzen ganz unterschiedliche Wertewelten. Sie unterscheiden sich weitgehend in ihrer Auffassung von Individualität und Gemeinschaft, Gleichheit und Ungleichheit, sozialer Regelung und Liberalität, Familie, Umwelt und Beruf – eben in dem Maße, in dem sie von den Werten des Traditionalismus, der Modernisierung oder des Postmaterialismus geprägt sind. Diese Differenzen schließen auch weitgespannte Unterschiede in der Einstellung zu Minderheiten, zu anderen Kulturen, zu gesellschaftlicher Solidarität und zum politischen Handeln ein.

Die bisher vorliegenden Forschungsergebnisse über die sozio-kulturellen Milieus begründen die Annahme, daß die Übereinstimmungen in den wichtigen Wertorientierungen zwischen den modernisierten und postmaterialistisch geprägten Milieus in den Gesellschaften der unterschiedlichen Kulturkreise größer sind als mit den traditionalistischen Milieus der eigenen Gesellschaft. Gewiß, viele der Symbole, der religiösen und kulturellen Rituale, der alltagsästhetischen Lebensgewohnheiten und Praktiken überwölben zahlreiche Milieus, wenn auch nicht alle, mit einer gemeinsamen kulturellen Oberfläche – etwa Hochzeitszeremonien, Ein-

weihungsfeste, Begräbnisfeiern. Aber in den Wertorientierungen, die das wirtschaftliche Handeln, die sozialen Erwartungen, die gesellschaftlichen Leitbilder, die politischen
Ordnungsvorstellungen sowie das Maß der Offenheit für das
Andere bestimmen, ist die kulturelle Differenzierung *innerhalb* der Gesellschaften der Gegenwart weit vorangeschrit-
ten, so weit daß die transkulturellen Gemeinsamkeiten in den
modernisierten Milieus nach allem, was wir wissen, über-
wiegen.

Darum ist die Aussagekraft bloßer nationaler Durchschnitts-
befunde über die Werteprofile von Gesellschaften und Kulturen letztlich begrenzt. Sie enthalten zwar Hinweise über
die Nachwirkungen von Traditionen, vernachlässigen und
pauschalisieren aber das relative Gewicht der unterschiedlichen Milieus innerhalb der betrachteten Gesellschaft. Auch
bedeutende Differenzen, soweit sie bei einzelnen Grundwerten tatsächlich festgestellt werden, haben einen einge-
schränkten Informationswert, weil sie über die eigentlich in-
teressante Verteilung dieser Werte auf die unterschiedlichen
Milieus und deren jeweils andersgeartete Rolle in Wirtschaft,
Staat und Gesellschaft nichts mitteilen. Die Befunde aus den
Untersuchungen von Hofstede und Inglehart sind gerade
darum bedeutsam, weil sie keine scharfen Kontraste zwischen den Kulturen ergeben haben, sondern *Überlappungen*
und innere *Differenzierungen*. Dieses Ergebnis widerlegt die
Annahme, ein Kampf der Kulturen sei wegen der unversöhn-
lichen Differenz ihrer Grundwerte in ihrer inneren Verfassung angelegt. Ein empirisch angemessenes Bild vom
Ausmaß der inneren Differenzierung und von den sozialen
Trägergruppen der Überlappung im Verständnis der Grundwerte werden wir indessen erst gewinnen, wenn wir mehr
über die sozio-kulturellen Milieus in den einzelnen Gesellschaften wissen. Die Kenntnisse, über die wir in dieser Hinsicht schon heute verfügen, sind gleichwohl ein weiterer
Beleg dafür, daß die politische Polarisierung ganzer Kul-

turen kein Fundament in der Wirklichkeit hat. Die interessantesten und von sich aus politisch folgenreichsten Unterschiede entwickeln sich vielmehr innerhalb einer jeden Kultur und Gesellschaft. Diese Unterschiede vertragen sich gleichwohl, wie die Befunde und die Erfahrung zeigen, mit der gemeinsamen Akzeptanz derjenigen elementaren Grundwerte, die das Zusammenleben der sozio-kulturellen Milieus in derselben Gesellschaft und im selben politischen Gemeinwesen möglich machen.

Verständigung zwischen den Kulturen

Es kann nach diesen empirischen Befunden nicht überraschen, was unvoreingenommene Erfahrung immer aufs neue bestätigt hat. Verständigung zwischen den Kulturen ist in den wichtigen Fragen des Zusammenlebens möglich, wo sie wirklich erstrebt wird. Willi Eichler, der Vater des Godesberger Programms der SPD von 1959, hat am Ende der sechziger Jahre in Ostasien in mehreren großen Gesprächsrunden den Versuch gemacht, zwischen den großen Kulturen das zu erproben, was er im Verhältnis zwischen den ideologischen Strömungen in der sozialistischen Arbeiterbewegung auf dem Weg nach Godesberg erfahren und eine »ethische Revolution« genannt hatte. Gemeint war die am Anfang verblüffende Einsicht, daß ethische, marxistische und religiöse Sozialisten im Dialog herausfanden, daß ihre Grundwerte, die sich auf die Gestaltung von Staat und Gesellschaft bezogen, bei genauer Prüfung übereinstimmten, obgleich sie in gänzlich unterschiedliche Weltanschauungen eingebettet waren. Während zwischen den divergenten Weltanschauungen des demokratischen Marxismus, der christlichen Lehre und der praktischen Philosophie anscheinend unüberbrückbare Gräben klafften, stimmten die sozialen Grundwerte, die sie je auf ihre eigene Weise begründeten, in ihrem praktischen Gehalt so gut wie gänzlich überein. Das also, was für die Praxis wirklich zählte, nämlich die Grundwerte als praktischer Maßstab für den Entwurf einer neuen Beziehung der Menschen untereinander, konnte ohne Verlust und Willkür von den letzten Fragen der Glaubensüberzeugung abgelöst und in einem verständigungsorientierten Dialog zusammengeführt werden. Die Möglichkeit solcher Übereinstimmung zwischen Menschen, deren Weltbilder nicht übereinstimmen, hat Eichler mit dem großen Wort einer »ethischen Revolution« gekennzeichnet, da dies in seiner Zeit eine überraschende und umwälzende Erfahrung schien.

Eichler organisierte, durch diese Erfahrung in der weltanschaulich schroff zerklüfteten Arbeiterbewegung ermutigt, in Ostasien, wo so gut wie alle Religionen dieser Welt seit Jahrhunderten in enger Nachbarschaft miteinander leben, zwischen 1967 und 1971 eine Dialogreihe unter dem Titel »One World Only«. Repräsentanten nahezu aller Länder der Region und all ihrer Religionen haben an diesen Gesprächen teilgenommen. Sie gelangten zu einer eindrucksvollen Reihe von praktischen Übereinstimmungen für ein soziales und politisches Reformprogramm für die Region, das gemeinsames Handeln in allen praktischen Fragen ermöglichte, für die Differenzen in den religiösen Glaubensfragen aber Spielräume der Toleranz offenhielt, so wie es ohnedies der Tradition der meisten Länder der Region seit Jahrhunderten entsprochen hatte.

Die Unterscheidung zwischen den *letzten* Fragen der religiösen Heilsgewißheit und den *vorletzten* Fragen der moralischen Grundlagen der Gemeinschaftsordnung erwies ihren praktischen Wert auch für die Verständigung zwischen den Kulturen. In die überwölbenden kulturellen Deutungsmuster, auch wenn sie selbst wenig Gemeinsamkeiten erkennen ließen, sind sozio-politische Grundwerte eingebettet, die viele Gemeinsamkeiten aufweisen. Das kann kaum überraschen, denn sie alle orientieren sich unterhalb der Schwelle ihrer verschiedenartigen Weltsicht doch an ähnlichen Ideen von Menschenwürde, menschlicher Gleichheit und gesellschaftlicher Gerechtigkeit, die sich aus ähnlichen Grundbedürfnissen und Grunderfahrungen der Menschen in ihren Gesellschaften ergeben. Eine Erkennnis, die naheliegt, sobald einmal bedacht wird, daß die menschliche Grundsituation überall Erfahrung von Leid und Entwürdigung, Anerkennung und Erniedrigung schafft, wenn sie auch in den unterschiedlichen Kulturen verschiedenartigen symbolischen Ausdruck und Trost finden.

Am 4. September 1993 hat das Parlament der Weltreligionen in Chicago nach gründlichen Beratungen zwischen Vertretern fast aller ins Gewicht fallenden Religionen und Konfessionen eine »Erklärung zum Weltethos« verabschiedet, die diese Erfahrung überzeugend bestätigt hat. Keine der Weltreligionen fehlt in der Liste der Gesprächsteilnehmer, und einige von ihnen waren mit mehreren ihrer Denominationen vetreten. Bemerkenswert an diesem handlungsorientierten Gespräch ist zunächst die Tatsache der gelungenen Verständigung selbst. Sie hat die Einigung auf einige zentrale Grundwerte und Grundforderungen für das Verhältnis von Individuum und Gesellschaft möglich gemacht, die nicht forciert war, sondern den Unterschieden weiten Raum ließ. Es gab in diesen Gesprächen, ganz anders als die Kulturkampftheorie erwarten ließ, eben keine babylonische Sprachverwirrung, auch wurde nicht aneinander vorbeigeredet, weil Verständigung über die tiefen Gräben des ganz Anderen hinweg ein hoffnungsloses Bemühen wäre. Die Repräsentanten der Religionen sind zurückhaltend vorgegangen, so daß sich auch traditionalistischere Geister im Ergebnis noch erkennen können. Das war kein Agreement der »Davos-Fraktion« aus aller Herren Länder, doch kamen bei den Teilnehmern des Gesprächs keine Zweifel auf, ob sie über dasselbe sprachen, auch wenn sie von Fall zu Fall unterschiedlicher Meinung waren. Verständigung war, mit etwas Zeit, immer möglich, obgleich nicht in allen Fragen Übereinstimmung zu erreichen war. Das ist im übrigen eine Erfahrung, die jeder machen kann.

Die Grundforderungen, die in der »Erklärung zum Weltethos« von allen Beteiligten gemeinsam erhoben und ausführlich dargelegt werden, umfassen alle wichtigen sozialen und politischen Grundwerte in kulturneutraler Formulierung.[35] Die festgefahrene Diplomatensprache wird ganz vermieden: das *Recht auf menschenwürdige Behandlung* für jedes Individuum, das *Prinzip der Gewaltfreiheit* und *des Respekts vor dem Leben*, weltweite *Solidarität zwischen allen Menschen* und das Eintreten für eine *gerechte Weltwirtschaftsordnung, Toleranz für andere Religionen, Meinungen, Kulturen, gleiche Rechte für alle Menschen und gleichberechtigte Partnerschaft zwischen Mann und Frau.*

Der in Teilen gescheiterte Verständigungsversuch der Vertreter von 171 Regierungen aus allen Kulturkreisen der Welt auf der *Weltkonferenz über die Menschenrechte in Wien*, ebenfalls im Jahr 1993, widerlegt die Erfahrung der Verständigungsfähigkeit der Religionen und Kulturen nicht. Auf dieser Regierungskonferenz der Vereinten Nationen stand erstmals in der Geschichte das ursprünglich im Westen artikulierte Menschenrechtsverständnis tatsächlich global, nämlich vor dem Forum der Vertreter aller Religionen und Kulturen, zur Debatte.[36] Auf der Ebene der offiziellen Repräsentanten der politischen Macht hat dieser Verständigungstest nur ein höchst ambivalentes Resultat ergeben. Eine Gruppe von Regierungsvertretern aus Ostasien, Südostasien, Afrika und Lateinamerika, die sich auf konfuzianische, islamische, hinduistische, aber auch christliche Traditionen beriefen, stimmte zwar dem Grundsatz der Universalität der Menschenrechte zu, verwässerte diese Entscheidung aber durch die einschneidende Einschränkung, daß bei Interpretation und Anwendung von Menschenrechten »die jeweiligen historischen und kulturellen Gegebenheiten jeder Nation sowie die unterschiedlichen Traditionen, Normen und Werte der Völker nicht außer Betracht gelassen werden dürfen« und sich darum »kein vorgefertigtes Modell auf universeller Ebene vorschreiben« lasse.[37] Diese Klausel sollte nicht nur einen vermuteten westlichen Dominanzanspruch symbolisch in seine Grenzen weisen. Er sollte darüber hinaus sehr konkrete Praktiken von Menschenrechtsverletzungen bis hin zur Diskriminierung von Frauen und sogar zur Folter mit einem Schein übergeordneter kultureller Legitimation versehen. Diese Inanspruchnahme kultureller Unterschiede für politische Zwecke ging ausschließlich von den Sachwaltern zumeist demokratisch nicht legitimierter politischer Macht aus. Er wurde auf der parallel tagenden Konferenz der Nicht-Regierungsorganisationen von Demokraten und Menschenrechtlern, die sich auf dieselben kulturellen Traditionen berufen konnten, als reine Strategie der Machtsicherung zurückgewiesen. Die Repräsentanten der jeweiligen kulturellen Traditionen einigten sich in einer gemeinsamen Erklärung auf die universelle Geltung der Menschenrechte.

Sie konnten das Verständnis von Menschenrechten in verschiedenen Kulturen überzeugend zum Ausdruck bringen und die Inanspruchnahme kultureller Unterschiede für die Rechtfertigung politischer Macht glaubwürdig kritisieren, weil sie nicht unter einem fremdgeleiteten Rechtfertigungszwang standen.

Aussichten für die Weltgesellschaft

Theorien über den Fundamentalismus

Prinzipiell können sich alle Kulturen über die Grundwerte des sozialen Zusammenlebens und der politischen Kooperation verständigen. Warum haben Versuche der politischen Instrumentalisierung kultureller Unterschiede dennoch so häufig und so durchschlagend Erfolg? Antworten darauf bieten die Theorien über den Fundamentalismus, die ihn nicht nur beschreiben, sondern auch erklären wollen.

Die kurze Geschichte der systematischen Fundamentalismusforschung hat eine breite Palette von Theorien, Erklärungen und Deutungsmustern hervorgebracht. Sie präsentieren sich nach Erkenntnisabsicht und Ergebnis im groben Überblick in drei Varianten, deren beide ersten den Fundamentalismus durch ihre Erklärung als Phänomen leugnen möchten.

Zur *ersten* Gruppe gehören Theorien, die im Fundamentalismus nichts anderes sehen als die unvermeidliche Selbstimmunisierung jeder kulturellen oder metaphysischen Grundposition. In diesem Sinne wären das Offenheitspostulat, der Pluralismus und das Menschenrechtsverständnis der modernen Kultur auch nur eine Variante des Fundamentalismus und zudem noch eine, die sich nicht selbst durchschaut, weil sie den Fundamentalismus immer nur bei den Anderen sucht.[38] Dieser Theorie liegt offenkundig eine Verwechslung der Argumentationsebenen zugrunde. Fundamentalistisch ist es ja gerade nicht, wenn Einzelne oder Gruppen in offenen Gesprächssituationen, die sie als solche anerkennen, ihre eigene Vorstellung von Wahrheit mit Argumenten gegen andere zu verteidigen suchen, sei es nun innerhalb einer Kultur oder zwischen unterschiedlichen Kulturen. Fundamentalistisch ist erst die Weigerung, entweder solche offenen Gesprächsstrukturen überhaupt zuzulassen oder sich in ihrem Rahmen an Gesprächen zur Klärung strittiger Wahrheitsansprüche zu beteiligen.

Das Argument, zwischen verschiedenen Kulturen, Weltanschauungen oder Religionen sei letztlich immer nur ein fundamentalistisches Abgrenzungsverhalten möglich, widerspricht aller Erfahrung. Die Kultur der Moderne und der Fundamentalismus liegen in Wahrheit nicht auf der gleichen Ebene. Während die Kultur der Moderne lediglich diejenigen prozeduralen Normen verbindlich macht, die eine Offenheit für Alternativen und Geltungsansprüche sowie die zwanglose Verständigung über beide sichern, also einen Rahmen für konkurrierende Orientierungen und Ethiken setzt, macht der Fundamentalismus eine einzige Orientierung und Ethik für alle verbindlich und schließt die zwanglose Verständigung über Alternativen aus.

Es macht wenig Sinn, die Verbindlichkeit eines Rahmens für Offenheit und zwanglose Verständigung und die Verhinderung von Offenheit durch die erzwungene Verbindlichkeit einer einzigen Orientierung durch Macht als Grundentscheidungen auf derselben Ebene zu verstehen. Wird die Festlegung auf Prozeduren der Offenheit und die Verbindlichkeit eines einzigen geschlossenen Systems – weil Festlegungen überhaupt ins Spiel kommen – mit dem Wort »Fundamentalismus« bezeichnet, dann bezieht sich dieses Wort in beiden Fällen auf gänzlich verschiedenartige Sachverhalte.[39] Eine solche Fundamentalismustheorie leistet keinen Beitrag zur Klärung.

Der *zweiten* Gruppe von Theorien gehören jene an, die im Fundamentalismuskonzept nichts anderes als eine neue Ideologie zur Sicherung der westlichen Vormachtsansprüche über den Rest der Welt erblicken. Das kommt nach dieser Sicht vor allem in der Abstempelung des Islam als unüberwindlich fundamentalistischer Kultur zum Ausdruck, gegen die der Westen nur mit Rüstung, Eindämmung und Überlegenheitsstreben agieren könne. Fundamentalismus erfülle insofern die Rolle, das abhandengekommene Feindbild der kommunistischen Gefahr zu ersetzen. Diese Theorien treffen einen zentralen Punkt im politischen Kulturverständnis zahlreicher Autoren, Politikberater und Politiker. Sie verwechseln jedoch eine besondere Verwendungsabsicht des Konzepts fundamentalistischer Kultur mit dem Konzept selbst. Das erweist sich als ein Bärendienst an ihrer eigenen Erkenntnisabsicht. Die Zurückweisung jener Ideologien, die in anderen Kulturen nichts als Formen des Fundamentalismus erkennen können, wäre ja viel wirkungsvoller, wenn der unleugbare Fundamentalismus in ihnen als das ausgewiesen würde, was er tatsächlich ist, nämlich nur eine besondere Lesart dieser Kultur und nicht ihr eigentliches Wesen. Diese negative Fundamentalismustheorie ist unrealistisch, denn sie leugnet ein offenkundiges Phänomen in der Hoffnung, damit einer riskanten Ideologie den Boden zu entziehen. Sie schüttet das Kind mit dem Bade aus und beraubt sich ungewollt der Chance zu der aufklärenden Wirkung, um die es ihr eigentlich zu tun ist.

Die *dritte* Gruppe von Fundamentalismustheorien umfaßt deren weitaufgefächerten Hauptteil. Sie beschreiben die Wirklichkeit des Fundamentalismus in verschiedenen Kulturen und wollen sie erklären. Sie alle stimmen überein, daß der Fundamentalismus eine zentrale politisch-ideologische Macht in den politischen Arenen am Ende des 20. Jahrhunderts verkörpert und daß er in allen Kulturen nur eine der konkurrierenden Lesarten der Überlieferung darstellt. Auch wenn sie die Akzente bei der Untersuchung der Entstehungsbedingungen und Erfolgsvoraussetzungen des Fundamentalismus unterschiedlich setzen, tragen sie alle zu deren schlüssiger Erklärung bei.

Ins Detail gehende soziologische Untersuchungen über den islamischen Fundamentalismus im Iran und den protestantischen Fundamentalismus in den USA haben verdeutlicht, daß vor allem traditionalistisch geprägte Milieus auf die Gefahr der eigenen Auflösung durch die Folgen der städtischen Modernisierung mit fundamentalistischer Abschottung reagieren. Die Gefahr, daß die eigene vormoderne Lebensweise beträchtlich an gesellschaflicher Anerkennung einbüßt, die erworbene Identität sozial entwertet und überdies durch die Hinwendung der eignen Kinder zu modernen, offeneren Lebensweisen existentiell bedroht ist, wird als Kränkung erfahren, die nur durch die Zuflucht zum Fundamentalismus geheilt werden kann.[40]

Der fundamentalistische Impuls kann zumal dann erstarken, wenn sich die plötzliche sozio-kulturelle Kränkung mit der Erfahrung oder der Drohung sozialen Abstiegs und ökonomischer Unsicherheit verbindet. Solche kulturell-ökonomischen Doppelkrisen sind der fruchtbarste Nährboden für ein rasches Wachstum fundamentalistischer Bewegungen. Der deutsche Nationalsozialismus mit seiner ungeheuren Massenfaszination im Zeichen des kulturellen Traditionsbruchs und der wirtschaftlichen Krise und der islamische Fundamentalismus im Iran als Folge einer forcierten Modernisierung von oben mit Hohn und Spott für traditionelle sozio-kulturelle Identitäten sind prominente Beispiele dafür. Algerien demonstriert in der Gegenwart, daß die Empfindung der Perspektivlosigkeit dramatisch gesteigert wird, wenn sich die politischen Führungseliten als korrupt und reformunfähig erweisen.

Ein breitenwirksamer Fundamentalismus wird aktiviert durch schlagkräftige Organisationen, charismatische Führer, wirksame Kommunikationstechniken und populistische Parolen, die eine an der Oberfläche durchaus treffende Beschreibung der Lage mit ihrer politischen Heilsverheißung verbinden. In vielen Fällen wird die Glaubwürdigkeit des Angebots dadurch erheblich gesteigert, daß fundamentalistische Organisationen in den Lebenswelten der umworbenen Gruppen praktische Hilfen anbieten.

Alle diese Beispiele zeigen zudem, daß die fundamentalistischen Führer und ihre Organisationen oft lange ohne breiten Widerhall abwarten, bis in der Krise ihre Stunde schlägt. Es ist kein Zufall, daß nach der Beobachtung von Gilles Kepel der Fundamentalismus seit Mitte der siebziger Jahre weltweit Einfluß und Zulauf gewinnt. Dieser Zeitraum markiert das Zusammentreffen der Krise des kulturellen Modells der Moderne, besonders in ihrer marxistischen Alternative, mit einer offenkundigen sozial-ökonomischen Stagnation und der Erfahrung wachsender Ungleichheit durch die Auswirkungen der Globalisierung. Reale Krisenerfahrungen, enttäuschte Fortschrittsverheißungen und nahezu apokalyptische Bedrohungsängste wirken sich in den einzelnen Ländern unterschiedlich aus, haben aber in aller Welt gleichermaßen den Fundamentalismus erstarken lassen.

Im Zusammenwirken kultureller, sozialer und wirtschaftlicher Krisenerfahrung mit politischer Entfremdung als Nährboden des Fundamentalismus können je nach den betroffenen Gruppen und je nach der Situation, die den fundamentalistischen Impuls auslöst, entweder die kulturellen Kränkungserfahrungen als Leitmotiv wirken oder die sozial-ökonomischen Ängste. Auch in dieser Hinsicht hat der Fundamentalismus viele Facetten.

Diese Erklärung für das Erstarken des Fundamentalismus führt uns zugleich vor Augen, daß eine rein kulturelle Gegenstrategie kaum Erfolge haben wird, zugleich gilt es, die handfesten Ursachen mit glaubwürdigem Handeln wirkungsvoll zu bekämpfen, die Menschen massenhaft dem Fundamentalismus in die Arme treiben.

Transkulturalität. Ein zeitgemäßer Kulturbegriff

Das Beispiel Islam

Gerade am Beispiel des Islam, dem Kulturkreis, dem selbst von kritischen Geistern wie Benjamin Barber bescheinigt wird, schon in seinen Grundstrukturen und darum unüberwindlich fundamentalistisch imprägniert zu sein, läßt sich zeigen, daß kategorische Zurechnungen dieser Art so gut wie immer erst durch einen unhaltbar *substantialistischen* Kulturbegriff möglich werden. Ein solcher Kulturbegriff projiziert einzelne Tendenzen und Elemente, die sich tatsächlich beobachten lassen, auf die Kultur im ganzen, erklärt sie zu deren unwandelbarem Wesen und grenzt aus, was nicht zu ihnen paßt. Das zeigen die Analysen des Islamkenners Bassam Tibi in aufschlußreicher Weise. Obgleich seine politischen Schlußfolgerungen mit denen Huntingtons fast nahtlos übereinstimmen, liegt seinen Darstellungen und Prognosen ein weit differenzierteres Modell der Kulturen und der Bestimmungsgründe für ihre Entwicklungsmöglichkeiten zugrunde, so daß die These vom Kampf politisierter Kulturen in einem gänzlich anderen Licht erscheint und alle Chancen des Wandels und der Verständigung weitgespannte Handlungsoptionen offenläßt.[41]

Da die Kulturkampfideologie immer erneut mit triumphierender Gebärde gerade den Islam als eine Kultur glaubt vorführen zu können, deren Geschichte und Substanz nun wirklich alle Zweifel am Realitätsgehalt ihrer Botschaft ausräumt, lohnt ein genauerer Blick auf ihn in besonderer Weise. Während Huntington in derselben Art wie die Ideologen der Neuen

Rechten stets sein naturalistisch reduziertes Verständnis von Kultur und kulturellen Differenzen – eine Art ontologisches *Substanzmodell* der Kultur – zur Geltung bringt, basieren die Untersuchungen und Schlußfolgerungen Tibis auf einem *politischen Diskursmodell* der Kultur, das deren geschichtliche Dynamik aufnimmt. Durch diese Differenz wird sichtbar, daß die Dominanz des Fundamentalismus im Islam ein zeitbedingtes Resultat erklärbarer sozialer Entwicklungen ist.

Tibi gelangt in seinen detailreichen Analysen zu dem Urteil, daß die islamische *Hauptstromkultur* einem Verständnis von Menschenrechten und Demokratie im modernen Sinne aufgrund interner Sperren *gegenwärtig* nicht entsprechen kann. Dennoch enthält die islamische Kultur wie die anderen Kulturen auch das *Potential*, auf dem Wege kultureller Reformen an das moderne Verständnis von Menschenrechten und Demokratie anzuschließen. Es macht sich empirisch in dem unbestreitbaren Sachverhalt geltend, daß gewichtige Teilströmungen des Islam einen solchen Übergang seit dem 19. Jahrhundert betreiben, ohne aus dem Sinnzusammenhang der islamischen Kultur auszutreten.

Die eigentliche Frage, wie sich der politisch ausschlaggebende Hauptstrom der islamischen Kultur in den einzelnen Ländern präsentiert, wird durch den Stand des Diskurses der konkurrierenden Strömungen innerhalb dieser Kultur selbst entschieden. Dessen Verlauf wird natürlich nicht durch Argumente allein, also die Plausibilität der konkurrierenden Deutungsvarianten für große Gruppen gesteuert, sondern durch handfeste soziale, kulturelle und ökonomische Faktoren und die sozialen Erfahrungen, die sie schaffen.

»In der Perspektive des zeitgenössischen politischen Islam soll auf die Etablierung des *Nizam al-Islami* (islamisches System, Th. M.) auf nationaler Ebene seine Globalisierung folgen. Daraus sollte man nicht die falsche Schlußfolgerung ziehen, daß alle Muslime so denken. Es gibt Muslime, für die der Islam eine politische Ethik und eine Lebensweise ist, nicht aber ein spezifisches Regierungssystem. Diese Muslime sind in die Tradition des liberalen Islam einzuordnen. Daß es diese Kategorie von gläubigen Muslimen gibt, ändert aber nichts an der harten Realität, daß die Hauptströmung des zeitgenössischen Islam dem fundamentalistischen ideologischen Konzept des Nizam al-Islami verhaftet ist.«[42]

Auch die *Dominanz* des islamischen Fundamentalismus ist erst das Produkt einer aktuellen Entwicklung. Denn die Gewichte zwischen den am innerislamischen politischen Diskurs beteiligten Grundströmungen haben sich seit den siebziger Jahren dieses Jahrhunderts in fast allen betroffenen Ländern massiv verschoben, in einigen von ihnen bis hin zur völligen Umkehrung der kulturellen Dominanzverhältnisse. Der fundamentalistische Zivilisationsstil war noch vor kurzem gerade nicht die vorherrschende politische Selbstauslegung des Islam. Es hat zwar in Ägypten mit der Gründung der Bewegung der Muslim-Brüder (1928) und 1932 mit der Entstehung des vom Wahabismus geprägten Saudi-Arabien beachtliche Manifestationen des fundamentalistischen Impulses gegeben. »Diesen historischen Verweisen zum Trotz kann man sich jedoch der Beobachtung nicht entziehen, daß vorwiegend säkularistische Ideologien, allen voran der panarabische Nationalismus, in der Periode nach dem Ersten Weltkrieg den politischen Diskurs dominierten; der Islam als eine politische Ideologie (nicht als religiöser Glaube) trat seit dieser Zeit und zumindest bis zu den frühen 70er Jahren in den Hintergrund.«[43]

Das Zusammenwirken spezifisch politischer Ereignisse und Erfahrungen mit kulturell-politischen Angeboten ihrer Verarbeitung führt also zur Verschiebung der Kräfteverhältnisse zwischen den am politisch-kulturellen Diskurs beteiligten Strömungen und nicht die Selbstentfaltung eines logischen Zwangs, der sich aus den Axiomen der Kultur selbst ergibt. Es sind die Leidenserfahrungen mit dem deprimierenden Versagen unterschiedlicher nichtfundamentalistischer politischer Regime, die am Ende den Fundamentalismus auch dort, wo er sich in einer Minderheitenposition und zudem in der Illegalität befindet, »dennoch zunehmend die primäre Quelle für die politischen Optionen der Bevölkerungsmehrheit in den meisten islamischen Ländern« werden lassen.[44] Der Erfolg dieser Option in der politischen Konkurrenz mit prinzipiellen Alternativen hängt von der gleichzeitigen Wirksamkeit mehrerer Faktoren ab, neben ökonomischen, sozialen und kulturellen Krisenerfahrungen fallen dabei auch die Spielräume ins Gewicht, die das jeweilige politische System und die Glaubwürdigkeit der offiziellen politischen Eliten und Gegeneliten läßt.

Für den islamischen Raum beschreibt Tibi die prinzipiellen Optionen der kulturellen Selbstauslegung und die wechselnden Bedingungen ihres politischen Erfolgs auf eine Weise, die über das Verhältnis von Kulturen und Zivilisationsstilen exemplarischen Aufschluß gibt, denn sie entspricht im Kern den Befunden aus den anderen Kulturen. Im innerislamischen Diskurs der Gegenwart spielen drei Grundströmungen eine Hauptrolle. Jeder von ihnen kann jeweils ein führender Staat zugeordnet werden, in dem sie über die anderen politisch und kulturell dominiert: der *Traditionalismus* in Saudi-Arabien, der *Säkularimus* in der Türkei und der *Fundamentalismus* im Iran. Im islamischen Diskurs im ganzen ist jede dieser drei Grundströmungen der politischen Selbstauslegung einer Kultur als dominante politische Macht vertreten, jedoch in den einzelnen Gesellschaften, die vom Islam geprägt sind, auf höchst unterschiedliche Weise. Die Verteilung der Gewichte und Einflußchancen kann darum nicht der Prägekraft eines unwandelbaren kulturellen Erbes zugeschrieben werden.

Die Chancen und das politische Gewicht der drei formativen Zivilisationsstile ergeben sich erst aus der unterschiedlichen Art und Weise, in der elementare historische Erfahrungen gesellschaftlich verarbeitet, kulturell zum Ausdruck gebracht und politisch verwendet werden. Das unterscheidet, wie die Geschichte Europas in 20. Jahrhundert eindrucksvoll gezeigt hat, den islamischen Kulturkreis gerade nicht vom »westlichen«, denn auch hier haben in jüngster Zeit traditionalistische, modern-säkulare oder eben auch fundamentalistische Strömungen das politische Geschehen gedeutet und bestimmt. Der Triumph des Faschismus in den zwanziger und dreißiger Jahren, die anschließende demokratische Modernisierung in Westeuropa, die marxistisch-leninistische Herrschaft in Osteuropa und die unerwartete Virulenz eines durchaus vom fundamentalistischen Impuls getriebenen Ethno-Nationalismus belegen das ebenso wie die zwar wechselhafte, aber im Prinzip andauernde Präsenz solcher Strömungen in den Gesellschaften und politischen Arenen wohl aller europäischen Länder.

Kulturelle Verflechtungen

Das allgemeine Grundmodell der Moderne beschreibt die Selbstauslegung aller Kulturen in konkurrierenden Zivilisationsstilen. Im Lichte des von Richard Münch eingeführten Begriffspaares *Modernisierungsdynamik* und *Modernisierungslogik* ist das plausibel zu deuten.[45] Modernisierungs*logik* meint die Wirkungsrichtung von Modernisierungsprozessen. Sie ist im Modell von Münch durch vier Prinzipien markiert: *Aktivismus, Individualismus, Rationalismus* und *Universalismus*. Modernisierungs*dynamik* bezeichnet die von Gesellschaft zu Gesellschaft höchst unterschiedlichen empirischen Verhältnisse, zu denen die Entfaltung der Modernisierungslogik infolge der verschiedenartigen kulturellen Ausgangsbedingungen sowie ihres je unterschiedlichen Tempos von Fall zu Fall führt.

Wie ähnlich sich ursprünglich ganz unterschiedliche Kulturen auf längere Sicht unter dem Einfluß der Modernisierungslogik werden und wie groß ihre Unterschiede trotz der universellen Reichweite der kulturellen Moderne dennoch bleiben, in welchen Lebensbereichen der Gesellschaften sich die Ähnlichkeiten am nachdrücklichsten zeigen und wo sich Differenzen am eigensinnigsten behaupten können, das alles sind einzig und allein Erfahrungsfragen. A priori läßt sich darüber nur spekulieren. Bisherige Erfahrungen geben aufschlußreiche Fingerzeige, nicht mehr. Denn der Prozeß der Entfaltung der Modernisierungslogik verläuft durch die Fähigkeit der kulturellen Normen der Moderne zum reflexiven Rückbezug auf sich selbst und zur Selbstkorrektur nicht linear. Die sozialen und politischen Debatten der Gegenwart und die Dialektik von kultureller Globalisierung und regionaler Selbstbehauptung lassen erwarten, daß Erfahrungen der Entfremdung zur Errichtung von Schutzzonen um wichtige Lebensbereiche führen, damit die Modernisierungsdynamik ganz ferngehalten werden oder lediglich in verlangsamter oder verminderter Form Einzug halten kann.

Der substantialistische Kulturbegriff, der in letzter Instanz nichts anderes bedeutet als die Reduktion von Kultur auf Natur, geht in seiner modernen Verwendung auf Herders »Kugelaxiom« zurück.[46] Er bedarf, wenn wir uns den Zugang zum Verständnis von Kultur in der Moderne nicht von vornherein total verbauen wollen, einer Revision. Wolfgang Welsch hat mit überzeugenden Gründen dafür plädiert, das Kugelaxion gegeneinander verschlossener Kulturen, das die Debatten der Gegenwart fortwirkend narrt, durch etwas ganz Neues zu ersetzen: ein Verständnis von »Transkulturalität«.[47] Ein solches Konzept stellt von vornherein in Rechnung, daß sich in der Gegenwart die überlieferten Kulturen als Ergebnis ihrer vielfältigen Interaktionen immer schon intern in bestimmendem Maße durchdringen. Was wir wirklich beobachten können, ist eben nicht der Zusammenstoß von Kugeln, sondern das »Weben transkultureller Netze«, die an unterschiedlichen Orten auf je eigene Weise dann zu Verdichtungen

und Strukturbildungen führen, die nirgends mehr den ehr-
würdigen Homogenitätsfiktionen der Überlieferung entsprechen, es sei denn als Ergebnis einer bloß inszenierten
kulturellen Eigentlichkeit.

Das Herdersche Kugelaxiom der Kultur hat bis heute seine
paradigmatische Macht nicht verloren, obgleich seine Prämissen sämtlich längst hinfällig geworden sind. Wolfgang
Welsch hat die drei maßgeblichen Kategorien auf ihren Begriff gebracht, die Herders Kulturverständnis ausmachen.
Die Prämisse der *sozialen Homogenisierung* setzt voraus,
daß Kultur stets das Leben des betreffenden Volkes im ganzen
wie im einzelnen prägt und jedes Objekt und jede Handlung
gerade zum Bestandteil dieser Kultur macht. Die Behaup-
tung *ethnischer Fundierung* impliziert, daß Kultur immer
genau die Kultur eines Volkes sei. Und die strikte *interkulturelle Abgrenzung* postuliert, daß die Kultur eines jeden Volkes von den Kulturen aller anderen Völker gänzlich verschieden und separiert sei. Aus diesem Kulturverständnis ergibt
sich Herders Annahme dann wie von selbst, daß die Wahrnehmung der anderen Kultur, der Kultur der Anderen beim
Einzelnen »Fühllosigkeit«, »Kälte«, »Blindheit«, ja sogar
»Verachtung und Ekel« hervorrufe. Welsch erkennt in dieser
Kulturtheorie darum zutreffend nichts anderes als einen »Kul-
turfundamentalismus«.[48]

Die Herderschen Prämissen sind, wie die empirische
Betrachtung der Kulturen unzweideutig zeigt, heute alle hinfällig. An die Stelle der sozialen Homogenität ist eine weit-
ausgreifende Differenzierung sozio-kultureller Milieus getreten, mit der Wirkung, daß korrespondierende Milieus in
unterschiedlichen Kulturen in vielen Fällen mehr miteinander verbindet als entfernte Milieus innerhalb der eigenen
Kultur. Alle großen Kulturen sind ethnisch vielfältig gemischt,
und die Ethnien ihrerseits haben sich zumeist als politische
Konstruktionen erwiesen und eben nicht als unauflösliche
natürliche Einheiten. Der Separatismus der wechselseitigen

kulturellen Ausschließung ist mannigfachen Überlappungen, internen Durchdringungen und Einflußnahmen gewichen. Sie ergeben sich aus dem Zusammenwirken mehrerer gleichzeitiger Entwicklungen, die in derselben Richtung wirken: dem grenzüberschreitenden Einfluß der *elektronischen Kommunikationsmedien*, der *Steigerung des Wohlstandes* in vielen Kulturkreisen und Gesellschaften, dem Einfluß der *Modernisierungslogik*, der *wirtschaftlichen Globalisierung* und der *weltweiten Migrationsströme*.

Offenkundig geben eher soziale Erfahrungen und Lebenslagen und die durch sie bedingte Nähe zur kulturellen Modernisierung als die Zugehörigkeit zu einer großen religiös-kulturellen Überlieferung den Ausschlag für die kulturelle Lebensform der Gruppen. *Wie der Fall des Fundamentalismus zeigt, gehören zu diesen formativen Erfahrungen die der Krisen, Brüche und Beraubungen.* Neue Formen reaktiver kultureller Identitätsbildung fügen dem bunten und weitgestreckten kulturellen Flickenteppich der Gesellschaften der Gegenwart neue Flecken hinzu, die oft grell und nicht selten von beträchtlicher Größe und bizarrer Form sind.

Immer seltener decken sich die ohnedies recht durchlässigen Außengrenzen der sozio-kulturellen Milieus mit geographischen Räumen. Ihre Netzwerke sind in den gesellschaftlichen Lebensräumen verwoben. So wie sich in Colombo augenfällig in derselben kurzen und engen Straße jeweils auf Sichtweite der Hindutempel und die Moschee, die Kirche und das buddhistische Andachtshaus abwechseln, mit all dem zugehörigen vielfältigen Treiben um sich herum, so mischen sich auf nicht immer sichtbare Weise in nahezu allen anderen Gesellschaften Milieus im selben Raum, die in ihrem Weltverständnis und in ihrer Lebensweise doch um Welten getrennt sein können.

Überall auf der Welt ist darum die Einheit von kultureller Übereinstimmung und Staatsbürgerschaft, von sozio-kultureller Lebensform und räumlicher Abschließung unwahrscheinlich geworden oder in Auflösung begriffen. Auch wo die Gewaltpolitik der ethnischen »Säuberung« künstlich und mit blutigen Opfern »Kultur« und Lebensraum in Übereinstimmung bringt, wird sich, sobald die heißeste Phase des Bürgerkriegs vorüber ist, die wenige Unterscheidungen zuläßt, rasch wieder zeigen, daß jede der mit Zwangsgewalt homogenisierten »Ethnien« in sich selbst kulturell viel mannigfaltiger ist, als es die offizielle Ideologie zulassen kann. Darauf haben die Massendemonstrationen des Jahres 1997 auf den Straßen von Belgrad ein erstes helles Licht geworfen. Die Opfer der ethnischen »Säuberungen« in Bosnien wie in Ruanda oder Zaire erweisen sich darum selbst im Hinblick auf die bösen Zwecke als umsonst, die von den Betreibern der Gewaltkampagnen öffentlich deklariert worden sind.

Das Bedürfnis nach Identität bleibt freilich lebendig und machtvoll, und es ist so gut wie sicher, daß am Ende allein die rigidesten Formen fundamentalistischer Identitätsversprechen profitierten, wenn sich alle kulturellen Orientierungen in unbestimmten Gemengelagen auflösten. Indessen wird es infolge der grenzenlosen Kommunikation, der sozialen Differenzierung und der nachbarschaftlichen Überlappung der sozialen Gruppen fast unvermeidlich, daß »die Züge der Pluralität und Transkulturalität ... bis in den Kern der partikularistischen Identitäten« hineinreichen.[49] Der Identitäts-Wahn bleibt in der Moderne daher immer ein kurzer Traum, aber er hinterläßt nicht selten eine lange blutige Spur.

Zuflucht und Verführung

Der Identitäts-Wahn des Fundamentalismus ist eine Zuflucht für die, die in unerträglichen Lebenskrisen oder aus dem Verlangen nach unbedingter Orientierung den Weg zu ihm finden. Wie das Beispiel von Scientology eindeutig zeigt, kann solches Verlangen nach Zuflucht ganz frei sein von politischen Interessen. Es kann aber auch, wie im Falle des Hindu-Fundamentalismus in Indien, gerade durch das jahrzehntelang kultivierte politische Motiv genährt sein, im eigenen Staat zum »Fremden« gemacht worden zu ein. Dazwischen sind bei den »Suchenden« alle Übergänge von bloß psycho-sozialen Motiven zum dezidiert politischen Interesse zu finden. Auch dort, wo wie in Algerien, Indien oder Israel die Anhängerschaft fundamentalistischer Bewegungen hoch politisiert ist, geben sich die sozio-kulturellen Motive einer gesicherten Identität und die sozio-ökonomischen Motive eines anerkannten und auskömmlichen sozialen Status als die eigentlichen Gründe für die Aufnahmebereitschaft fundamentalistischer Orientierungen zu erkennen. Eine staatspolitische Ausrichtung bekommt die Bewegung erst durch die Steuerung der jeweiligen Führung.

Fundamentalistische Führung erweist sich als Verführung spätestens in dem Augenblick, wo es an die Einlösung der gemachten Heilsversprechen geht. Keiner der bekannten Fundamentalismen dieser Welt verfügt nämlich über ein schlüssiges und umsetzungsfähiges sozio-ökonomisches Programm, das auch nur die Überwindung jener Krisen wahrscheinlich machen würde, durch deren gnadenlose Geißelung er groß geworden ist, geschweige denn die darüber hinausreichenden Heilsversprechen, die ihm erst seinen metaphysischen Charme verleihen. Fundamentalimus kann angesichts von Krise, Demütigung und Korruption zur unüberwindlichen Energiequelle im Protest werden, aber nirgends zum verläßlichen Wegweiser für nachhaltige Gesellschaftsreformen, weil ihm das Konzept einer komplexen, wandlungsfähigen Gesellschaft fehlt und damit die Voraussetzung der erfolgversprechenden Lösung ihrer Probleme. Insofern ist der Fundamentalismus als politisches Handlungsprogramm objektiv immer eine Verführung, auch wenn viele seiner Gefolgsleute im Kampf selbst und im symbolisch-rituellen Teil seiner Politik die Erfüllung ihres unbedingten Identitätsbedürfnisses erfahren, wenigstens eine Zeitlang.

Nicht selten ist fundamentalistische Führung aber auch in dem strikten Sinne Verführung, daß die Interessen und Motive von Führern und Gefolgschaft sich äußerlich decken, aber keine innere Übereinstimmung zeigen. Manche der fundamentalistischen Führer in Algerien gehörten bereits zur Führung der Oppositionsbewegung, als diese noch marxistisch inspiriert war. Und die Äußerungen einiger Führer des politischen Hindu-Fundamentalismus lassen kaum einen anderen Schluß zu als den, daß sie die machtpolitischen Ressourcen schätzen, die aus der fundamentalistischen Mobilisierung erwächst, aber selber nicht an den Wahrheitsgehalt all der Parolen glauben, die sie zu diesem Zwecke verbreiten. Ob Milošević sich verstellte, als er ein kommunistischer Führer war, der sich im Zweifelsfalle mit internationalistischer und gesamtjugoslawischer Rhetorik legitimierte, oder als er nichts anderes mehr sein wollte als ein serbischer Nationalist ethno-fundamentalistischer Stoßrichtung, ist schwer zu ermitteln.

Eine politische Instrumentalisierung kultureller Unterschiede ist der fundamentalistische Identitäts-Wahn, wenn auch oftmals in verschiedener Absicht und mit verschiedener Akzentsetzung, auf beiden Seiten. Auf Seiten der Anhänger, denn sie gewinnen ihre Identität im Vormachtsanspruch gegen Andere, der so gut wie immer auch gegen Widerstand durchgesetzt wird, wenn es nötig erscheint. Die protestantischen Fundamentalisten in den USA leben zwar in »normalen« Zeiten in ihrer eigenen Parallelgesellschaft, intervenieren aber nachdrücklich in die öffentliche Sphäre, wann immer ihre Interessen berührt sind. Fundamentalistische Führung ist fast ausnahmslos von dem Willen beseelt, die Energien der mobilisierten Gläubigen zum Zwecke der Gewinnung oder Sicherung politischer Macht zu nutzen, ob sie nun selber die Ideologien teilen, die sie in ihren Dienst nehmen oder nicht. Beides, die Suche unbedingter Identität und das auf sie gestützte Streben nach Macht, leben von der Umwandlung des kulturellen Unterschieds in Feindschaft. Da weder die sozialen Grundwerte noch die Botschaft der Religionen solche Verfeindung nahelegen, sie wie im Falle von Hinduismus und Buddhismus geradezu ausschließen, sind Fundamentalisten im Zweifelsfalle nicht wählerisch, wenn es darum geht, Differenzen zu markieren, die die Verfeindung rechtfertigen. Die Grundwerte selbst, die die Bedingungen des sozialen Zusammenlebens regeln, geben ja, wie der empirische Vergleich gezeigt hat, den Stoff für die Verfeindung zwischen den Kulturen nicht her. Darum sind es häufig kulturelle Praktiken und religiöse Rituale, die im öffentlichen Leben keine Rolle spielen müßten, aber als Hebel für die Verfeindung ihren Dienst leisten. Notfalls werden Differenzen auch eigens konstruiert, denn es geht den Polarisierern nicht um die sozialen Grundwerte des Zusammenlebens, sondern um die symbolische Aufwertung von Unterschieden, die sich für ihre Zwecke instrumentalisieren lassen. Dazu bieten häufig Praktiken und Symbole, geheiligte Orte und Ereignisse, Geschichte und Geschichten, die für das Zusammenleben der Menschen ohne Bedeutung bleiben könnten, die willkommene Handhabe. Geteilte Grundwerte schaffen indessen einen Raum für das Zusammenleben der Verschiedenen, die ihre je eigene Identität entfalten können, ohne die des Anderen angreifen zu müssen.

Chancen des Risikos

Nicht nur Menschen, auch Gesellschaften lernen selten durch Argumente, Erfahrungen und Einsichten allein. Erst in der Krise, in der ein alter Weg ans Ende einer Sackgasse kommt, werden Erfahrungen einprägsam, und das Neue erhält seine Chance. Das kann zwar nicht mit Sicherheit vorausgesagt werden, ist, aber doch am ehesten wahrscheinlich. In diesem Sinne kann das nicht nur in der öffentlichen Debatte, sondern auch den allzu vielen Fällen blutiger Praxis, die wir im vergangenen Jahrzehnt erlebten, in ersten Ansätzen von politischen Strategien schon realisierte Szenario vom Kampf der Kulturen vielleicht zu der Schlüsselerfahrung werden, die zuerst das Nachdenken fördert und dann entschiedene Gegenwehr auf den Plan ruft. Darin könnte die Chance im Risiko liegen.

Die *Gruppe von Lissabon* hat jüngst der Weltöffentlichkeit einen Vorschlag vorgelegt, der zum entscheidenden Schritt der Nutzung dieser Chance werden kann. Am Beginn der siebziger Jahre hatte der Bericht des *Club of Rome* über die Grenzen des Wachstums die noch frischen ökologischen Katastrophenerfahrungen interpretiert und politisiert, die die Welt in diesen Jahren gemacht hatte. Darum konnte er im richtigen Augenblick einen Schlüsselbeitrag zum weltweiten Erwachen des ökologischen Bewußtseins von der Zerstörbarkeit der Ökosphäre leisten. Wir hinken zwar überall auf der Welt hinter dem, was als Antwort darauf nötig wäre, meilenweit hinterher, und doch hat das ökologische Umdenken unser Handeln von Grund auf verändert und die Richtung unseres Umgangs mit der Natur allmählich umgekehrt.

Könnte nicht der Bericht der *Gruppe von Lissabon* über die Grenzen des Wettbewerbs in der ebenfalls überlebenswichtigen Frage der kulturellen Voraussetzung für menschenwürdiges Überleben in der Weltgesellschaft eine ähnliche Auslöserrolle spielen? Auch heute sind ja die zugehörigen Krisenerfahrungen mannigfach und beängstigend.

Das Memorandum schlägt zur Eindämmung der vernichtenden gesellschaftlichen Folgeschäden der ungehemmten weltweiten Wettbewerbswirtschaft vier »globale Sozialverträge« vor, von denen alles weitere seinen Ausgang nehmen kann. Diese Verträge machen weltweite Kooperation verbindlich, markieren erste Projekte gemeinsamen Handelns, entwerfen Institutionen nachhaltiger Koordination und geben dem kulturübergreifenden Dialog Richtung, Handlungsorientierung und Dauer.

Der »Grundbedürfnisvertrag« zielt auf die Überwindung von Ungleichheiten, der »Demokratievertrag« ermöglicht globale Steuerung, der »Erdvertrag« sichert die Durchsetzung nachhaltiger Entwicklung, und der »Kulturvertrag« fördert Toleranz und den interkulturellen Dialog. Er ist zugleich die Grundlage der anderen Verträge, denn er ist auf die Überwindung der Hindernisse für eine weltweite politische Verständigung gerichtet, ohne die, wie heute jeder wissen kann, noch nicht einmal das physische Überleben der Menschen wahrscheinlich wäre.

Der Kulturvertrag verpflichtet die Unterzeichner zur »Unterstützung von Maßnahmen und Kampagnen zur Förderung von Toleranz und Dialogen zwischen den Kulturen«.[50] Zunächst sollen 40–50 Städte aus allen Regionen der Welt zusammen mit lokalen Medienunternehmen und Bürgerinitiativen und mit Hilfe nationaler und internationaler Stiftungen Aufklärungs- und Erziehungskampagnen beginnen. In Ausstellungen und Konzerten, Filmen, Zeitungsartikeln und weltweiten gemeinsamen Fernsehprogrammen soll Wissen und Verständnis über die unterschiedlichen Kulturen der Welt verbreitet und damit der Geist der Verständigung und Kooperation gefördert werden. Jährlich soll dann von einigen kleineren Ländern und Nicht-Regierungsorganisationen ein »Bericht zur Lage des interkulturellen Dialogs« der Weltöffentlichkeit übergeben werden, der künftiges Handeln anleiten kann. Kein Patentrezept, gewiß, aber ein guter Anfang. Nichts von dem, was wir über die Kulturen wirklich wissen, spricht ja dagegen, daß jede von ihnen bei aller voranschreitenden Differenzierung und Überlappung mit anderen ihren eigenen Bürgern Chancen einer lebbaren Identitätsbildung bietet und dennoch zu den ethischen Grundlagen für weltweites gemeinsames Handeln beiträgt, ohne daß das Überleben der menschlichen Gattung heute in Frage gestellt wäre.

Das gilt für das Verhältnis im Inneren der Gesellschaften gleichermaßen wie für ihre weltweite Beziehung zueinander.

Anhang

Ausgewählte Literatur

Assemblee National (Hg.): Les Sectes en France. Paris 1995.

Barber, B. R.: Jihad vs. McWorld. New York 1995.

Berger, P. L.: Das Unbehagen in der Modernität. Frankfurt/M./New York 1985.

Bourdieu, P.: Die feinen Unterschiede. Kritik der gesellschaftlichen Urteilskraft. Frankfurt/M. 1987.

Braudel, F.: A History of Civilizations. Harmondsworth 1993.

Chandra, B.: Communalism in Modern India. New Dehli 1987.

Die Gruppe von Lissabon: Grenzen des Wettbewerbs. Die Globalisierung der Wirtschaft und die Zukunft der Menschheit. Neuwied 1997.

Elias, N.: Über den Prozeß der Zivilisation. Soziogenetische und psychogenetische Untersuchungen. 2 Bde., Frankfurt/M. 1979.

Elst, K.: Ayodhya and After. Issues Before Hindu Society. New Delhi 1991.

Ende, W./Steinbach, U. (Hg.): Der Islam in der Gegenwart. München 1984.

Erez, M./Early, P. Chr.: Culture, Self-Identity and Work. New York/Oxford 1994.

Finkielkraut, A.: La Defaite de la Pensée. Paris 1987.

Flaig, B. B./Meyer, Th./Ueltzhöfer, J.: Alltagsästhetik und politische Kultur. Zur ästhetischen Dimension politischer Bildung und politischer Kommunikation. Bonn 1993.

Frey, H.-P./Haußer, K. (Hg.): Identität. Entwicklungen psychologischer und soziologischer Forschung. Stuttgart 1987.

Friedrich-Ebert-Stiftung (Hg.): One World Only. How Can World Religions Help To Survive. Ed. W. Eichler Tokyo 1970.

Fukuyama, F.: Konfuzius und Marktwirtschaft. Der Konflikt der Kulturen. München 1995.

Giddens, A.: Konsequenzen der Moderne. Frankfurt/M. 1995.

Giddens, A.: Jenseits von Links und Rechts. Frankfurt/M. 1997.

Habermas, J.: Die Einbeziehung des Anderen. Frankfurt/M. 1997.

Hafez, K. (Hg.): Der Islam und der Westen. Frankfurt/M. 1996.

Heitmeyer, W./Müller, J./Schröder, J.: Verlockender Fundamentalismus. Türkische Jugendliche in Deutschland. Frankfurt/M. 1997.

Hofstede, G.: Culture's Consequences: International Differences in Work-Related Values. Beverly Hills 1980.

Hofstede, G.: Interkulturelle Zusammenarbeit. Wiesbaden 1993.

Hofstede, G.: Cultures and Organizations. Intercultural Cooperation and its Importance for Survival. London 1994.

Huntington:, S. P.: Clash of Civilizations? In: Foreign Affairs, Heft 3, 1993, S. 22–49.

Huntington, S. P.: Kampf der Kulturen. The Clash of Civilizations. Die Neugestaltung der Weltpolitik im 21. Jahrhundert. München 1996.

Inglehart, R./Abramson, P. A.: Value Change in Global Perspective. Michigan 1995.

Innenministerium Nordrhein-Westfalen (Hg.): Scientology – eine Gefahr für die Demokratie. Eine Aufgabe für den Verfassungsschutz. Düsseldorf 1996.

Jäggi, Chr. J./Krieger, D. J.: Fundamentalismus: Ein Phänomen der Gegenwart. Zürich 1991.

Kallscheuer, O. (Hg.): Das Europa der Religionen. Ein Kontinent zwischen Säkularisierung und Fundamentalismus. Frankfurt/M. 1996.

Kotkin, J.: Tribes. How Race, Religion and Identity Determine Success ind the New Global Economy. New York 1993.

Krappmann, L.: Soziologische Dimensionen der Identität. 7. Aufl., Stuttgart 1988.

Kreile, R.: Politisierung von Ethnizität in Afrika. In: Aus Politik und Zeitgeschichte. Beilage zur Wochenzeitung Das Parlament. B 9/97, 21.2.1997.

Kroeber, A. L.: Style and Civilizations, Ithaka/New York 1957.

Küng, H.: Projekt Weltethos. München 1990.

Küng, H./Kuschel, H.-J. (Hg.): Erklärung zum Weltethos. Die Deklaration des Parlaments der Weltreligionen. München, Zürich 1993.

Küng, H.: Weltethos für Weltpolitik und Weltwirtschaft. München 1997.

Marquard, O. / Stierle, K. (Hg.): Identität. München 1979.

Marty, M. E. / Appleby, R. S.: Fundamentalisms Observed. Chicago 1991.

Marty, M. E. / Appleby, R. S.: Fundamentalism and the State. Chicago 1993.

Marty, M. E. / Appleby, R. S.: Herausforderung Fundamentalismus. Radikale Christen, Moslems und Juden im Kampf gegen die Moderne. Frankfurt / M. / New York 1996.

Mehta, S.: Mumbai. Eine Metropole im Krieg gegen sich selbst. In: Lettre International, Heft 37, II Vj., 1997, S. 23 – 27.

Messner, D. / Nuscheler, F. (Hg.): Weltkonferenzen und Weltberichte. Ein Wegweiser durch die internationale Diskussion. Bonn 1996.

Meyer, Th. (Hg.): Fundamentalismus in der modernen Welt. Frankfurt / M. 1989.

Meyer, Th.: Fundamentalismus. Aufstand gegen die Moderne. Reinbek 1989.

Meyer, Th.: Fundamentalismus. Der Kampf gegen Aufklärung und Moderne. Dortmund 1995.

Münch, R.: Die Kultur der Moderne. 2 Bde. Frankfurt/M. 1986.

Naipaul, V. S.: Our Universal Civilization. New York Review of Books, 30, Oct.1990.

Northrop, F. S. C.: The Taming of the Nations. A Study of the Cultural Bases of International Policy. 1952.

Riesebrodt, M.: Fundamentalismus als patriarchalische Protestbewegung. Tübingen 1990.

Roberts, J. M.: Der Triumph des Abendlandes. Düsseldorf 1986.

Rokeach, M.: The Open an Closed Mind. New York 1960.

Straub, J.: Identitätstheorie im Übergang? In: Sozialwissenschaftliche Literatur Rundschau 23, 1991.

Terkessidis, M.: Kulturkampf. Volk, Nation, der Westen und die Neue Rechte. Köln 1995.

Tibi, B.: Die fundamentalistische Herausforderung: Der Islam und die Weltpolitik. München 1992.

Tibi, B.: Krieg der Zivilisationen. Politik und Religion zwischen Vernunft und Fundamentalismus. Hamburg 1995.

Tönnies, F.: Gemeinschaft und Gesellschaft. Grundbegriffe der reinen Soziologie. Berlin 1887.

Touraine, A.: Critique of Modernity. Oxford (UK), Cambridge 1995.

Wallerstein, I.: Geopolitics and Geoculture: Essays on the Changing World-System. Cambridge 1992.

Weber, M.: Gesammelte Aufsätze zur Religionssoziologie. Tübingen 1978.

Welsch, W.: Transkulturalität – die veränderte Verfassung heutiger Kulturen. In: Stiftung Weimarer Klassik (Hg.): Sichtweisen. Die Vielheit in der Einheit. Frankfurt/M. 1994.

Anmerkungen

1 Vgl. S. Mehta, 1997, S. 23.
2 S. Huntington, 1993, 1996. Dieses im Aufsatz noch ganz kategorische Urteil, das den Sinn des ganzen Paradigmas ausmacht, mildert Huntington am Ende seines großen Buches sozusagen in didaktischer oder salvatorischer Absicht wieder ein wenig ab, indem er einer langen Analyse, die eben das für unmöglich erklärt, einen kurzen Aufruf zur Verständigung folgen läßt, eine Perspektive, die nach den vorangegangenen Darlegungen allerdings alles andere als überzeugend ist.
3 Vgl. M. Tehranian in: M. E. Marty/R. S. Appleby, 1993, S. 316 und B. Tibi, 1992.
4 M. E. Marty/R. S. Appleby, 1991; dies., 1996.
5 W. Welsch, 1996.
6 Vgl. F. S. C. Northrop, 1952.
7 Welt am Sonntag, Nr. 2, 14. 1. 1996.
8 Vgl. zum gesamten Kontext L. Krappmann, 1988.
9 M. Rokeach, 1960.
10 Vgl. zum Begriff und seiner Bestimmung: M. E. Marty/R. S. Appleby, 1991, S. 817.
11 Vgl. dazu in erster Linie das in insgesamt 6 voluminösen Bänden dokumentierte Forschungsprojekt der *American Academy of Arts and Sciences*, an dem überwiegend Sozial- und Kulturwissenschaftler beteiligt waren, die selbst aus der Kultur stammten, in der der von ihnen analysierte Fundamentalismus in Erscheinung getreten ist. Vgl. M. E. Marty/R. S. Appleby, 1991.
12 M. E. Marty/R. S. Appleby, 1991, S. 681.
13 Vgl. im einzelnen K. Voll in: Th. Meyer, 1989 b.
14 Auch M. E. Marty/R. S. Appleby, 1993, verwenden in ihrem resümierenden Essay zu den vergleichenden Studien über Fundamentalismus und Staat den Begriff eines »›style‹ of fundamenta-

list's imaginings, and the ways in which these imagined communities have been realized in local and state governments« (S. 624).

15 M. Terkessides, 1995.

16 So H. Eichberg in: M. Terkessides 1995, S. 63.

17 R. Kreile, 1997, S. 116f.

18 F. Tönnies, 1887, S. 8 u. 39.

19 Innenministerium Nordrhein-Westfalen, 1996, S. 57.

20 Ebenda, S. 59.

21 W. Heitmeyer u. a., 1997.

22 Der Aussagewert der Studie hätte nach meiner Auffassung gewonnen, wenn eine Reihe der besonders gewichtigen Fragen präziser formuliert worden und insbesondere als Vergleichsgruppen gleichaltrigen deutschen Jugendlichen und den Eltern und Großeltern der türkischen Jugendlichen dieselben Fragen vorgelegt worden wären.

23 B. Barber, 1995, S. 8.

24 Ebenda, S. 17.

25 Ebenda.

26 Ebenda, S. 232.

27 Vgl. die ausführliche Darstellung der unterschiedlichen Modelle und ihre Bewertung in M. Erez / P. Chr. Early, 1994, Kap. 3.

28 Vgl. G. Hofstede, 1980, 1994 und die Erläuterungen S. 134 dieses Buches.

29 Für eine Liste der berücksichtigten Länder, ihre Zuordnung zu den Kulturkreisen sowie die Tabellen mit den wichtigsten Ergebnissen unsere eigenen Auswertung der Ergebnisse von Hofstede vgl. S. 134–142 dieses Buches.

30 An dieser Auswertung hat Carsten Brosda, Universität Dortmund, Fachbereich 14, maßgeblich mitgewirkt, der seine Ergebnisse in einem Bericht zusammengefaßt hat: Werteprofile der Kulturkreise. Explorative Datenanalyse, Juni 1997, unveröffentlichtes Typoskript.

31 Vgl. die Tabellen und Hinweise auf die angewandten Methoden im Anhang. Es mag problematisch erscheinen, daß Hofstede ausschließlich IBM-Mitarbeiter befragen ließ. Diese Selektivität wird indessen in erheblichem Maße durch den Sachverhalt wettgemacht, daß es sich um Mitarbeiter auf allen Funktions-

ebenen handelte und der Vergleich sich jeweils auf Mitarbeiter derselben Funktionsebene bezog. Ohnedies sind Vergleiche nationaler Durchschnittswerte in ihrer Aussagekraft begrenzt. Hofstedes Daten werden hier daher nur negativ verwendet, nämlich als empirischer Beleg dafür, daß zwischen den Kulturen keine unüberbrückbaren Unterschiede bestehen.

32 Vgl. zu den einzelnen Daten die Tabellen S. 136–141..

33 P. Bourdieu, 1987. – Zur Arbeit des Sinus- und des Sigma-Instituts vgl. u. a.: Flaig / Meyer / Ueltzhöffer, 1994, sowie die dort zitierte Literatur. Darüber hinaus hat mir das Sigma-Institut Einblick in Ergebnisse seiner Milieu-Studien über Japan gewährt, die noch nicht veröffentlicht sind.

34 Vgl. das Milieuschaubild S. 143.

35 H. Küng / K.-J. Kuschel, 1993.

36 D. Messner / F. Nuscheler, 1996, S. 186 ff.

37 Ebenda, S. 188.

38 Vgl. beispielhaft Chr. J. Jäggi / D. J. Krieger, 1991.

39 Vgl. J. Habermas, 1997.

40 Vgl. Riesebrodt, 1990.

41 Vgl. B. Tibi, 1995.

42 B. Tibi, 1993, S. 82 f.

43 Ebenda, S. 76.

44 Ebenda, S. 97.

45 Vgl. R. Münch, 1986.

46 Vgl. W. Welsch, 1994, S. 6.

47 Ebenda, S. 1.

48 Ebenda, S. 8.

49 Ebenda, S. 27.

50 Die Gruppe von Lissabon, 1997.

Grundwertevergleich auf der Basis der Daten von Hofstede

Hofstede hat 1968 und 1972 das Grundwerteverständnis von 116 000 Mitarbeitern von IBM in jeweils vergleichbaren Positionen in 65 Ländern mit über 100 standardisierten Fragen erforscht. Carsten Brosda, Universität Dortmund, Fachbereich 14, hat die ermittelten Daten für die Leitfragen des vorliegenden Buches neu bearbeitet. Einige der interessantesten Ergebnisse sind im folgenden dokumentiert.

(Für die Daten insgesamt vgl. ders., Wertprofile und Kulturkreise, 1997, Ms.)

Liste der beteiligten Länder

Arab-speaking countries	Equador
(Egypt, Iraq,	Finland
Kuwait, Lebanon,	France
Libya, Saudi Arabia, United	Great Britain
Arab Emirates)	Germany F. R.
Argentina	Greece
Australia	Guatemala
Austria	Hong Kong
Belgium	Indonesia
Brazil	India
Canada	Irán
Chile	Ireland (Republic of)
Colombia	Israel
Costa Rica	Italy
Denmark	Jamaica
East Africa (Ethiopia, Kenya,	Japan
Tanzania, Zambia)	South Korea

Malaysia
Mexico
Netherlands
Norway
New Zealand
Pakistan
Panama
Peru
Philippines
Portugal
South Africa
Salvador
Singapore

Spain
Sweden
Switzerland
Taiwan
Thailand
Turkey
Uruguay
United States
Venezuela
West Africa
(Ghana, Nigeria, Sierra Leone)
Yugoslavia

Quelle: Hofstede, 1994.

Profile und Spannweiten der Grundwerte

Profile der Länder und Spannweiten der Grundwerte nach den auf der Hofstede-Skala erreichten Punktzahlen

Christlich-westlicher Kulturkreis

	PDI	IDV	MAS	UAI	LTO
Australien	36	90	61	51	31
Belgien	65	75	54	94	–
Dänemark	18	74	16	23	–
Deutschland (BRD)	35	67	66	65	31
Finnland	33	63	26	59	–
Frankreich	68	71	43	86	–
Griechenland	60	35	57	112	–
Großbritannien	35	89	66	35	25
Irland	28	70	68	35	–
Italien	50	76	70	75	–
Kanada	39	80	52	48	23
Neuseeland	22	79	58	49	30
Niederlande	38	80	14	53	44
Norwegen	31	69	8	50	–
Österreich	11	55	79	70	–
Polen	–	–	–	–	32
Portugal	63	27	31	104	–
Schweden	31	71	5	29	33
Schweiz	34	68	70	58	–
Spanien	57	51	42	86	–
USA	40	91	62	46	29
Median	35,5	72	55,5	55,5	31
arithmetisches Mittel	39,7	69,05	47,4	61,4	30,89
Spannweite (range)	57	64	74	89	21
Varianz	241,81	263,35	501,54	586,74	30,99
Standardabweichung	15,55	16,23	22,4	24,22	5,57

Islamischer Kulturkreis

	PDI	IDV	MAS	UAI	LTO
arabische Staaten	80	38	53	68	–
Bangladesh	–	–	–	–	40
Indonesien	78	14	46	48	–
Iran	58	41	43	59	–
Malaysia	104	26	50	36	–
Pakistan	55	14	50	70	0
Türkei	66	37	45	85	–
Median	72	31,5	48	63,5	–
arithmetisches Mittel	73,5	28,33	47,83	61	–
Spannweite (range)	49	27	10	49	–
Varianz	271,92	124,22	11,81	250,67	–
Standardabweichung	16,49	11,15	3,44	15,83	–

Jüdischer Kulturkreis

	PDI	IDV	MAS	UAI	LTO
Israel	13	54	47	81	–

Konfuzianischer Kulturkreis

	PDI	IDV	MAS	UAI	LTO
China	–	–	–	–	118
Hongkong	68	25	57	29	96
Singapur	74	20	48	8	48
Südkorea	60	18	39	85	75
Taiwan	58	17	45	69	87
Median	64	19	46,5	49	87
arithmetisches Mittel	65	20	47,25	47,75	84,8
Spannweite (range)	16	8	18	77	70
Varianz	41	9,5	42,19	942,69	536,56
Standardabweichung	6,40	3,08	6,50	30,70	23,16

Hinduistischer Kulturkreis

	PDI	IDV	MAS	UAI	LTO
Indien	77	48	56	40	61

Japanischer Kulturkreis

	PDI	IDV	MAS	UAI	LTO
Japan	54	46	95	92	80

Lateinamerikanischer Kulturkreis

	PDI	IDV	MAS	UAI	LTO
Argentinien	49	46	56	86	–
Brasilien	69	38	49	76	65
Chile	63	23	28	86	–
Costa Rica	35	15	21	86	–
Ecuador	78	8	63	67	–
Guatemala	95	6	37	101	–
Kolumbien	67	13	64	80	–
Mexiko	81	30	69	82	–
Panama	95	11	44	86	–
Peru	64	16	42	87	–
El Salvador	66	19	40	94	–
Uruguay	61	36	38	100	–
Venezuela	81	12	73	76	–
Median	67	16	44	86	–
arithmetisches Mittel	69,54	21	48	85,15	–
Spannweite (range)	60	40	52	34	–
Varianz	262,4	148,31	236,77	83,82	–
Standardabweichung	16,2	12,18	15,39	9,16	–

Buddhistischer Kulturkreis

	PDI	IDV	MAS	UAI	LTO
Thailand	64	20	34	64	56

Afrikanischer Kulturkreis

	PDI	IDV	MAS	UAI	LTO
Nigeria	–	–	–	–	16
Ost-Afrika	64	27	41	52	–
West-Afrika	77	20	46	54	–
Simbabwe	–	–	–	–	25
Median	–	–	–	–	–
arithmetisches Mittel	70,5	23,5	43,5	53	20,5
Spannweite (range)	13	7	5	2	9
Varianz	42,25	12,25	4,25	1	20,25
Standardabweichung	6,5	3,5	2,5	1	4,5

Länder mit konträren Wertprofilen innerhalb der Kulturen

	PDI	IDV	MAS	UAI	LTO	Diff.
Westen						
Griechenland	60	35	57	112	–	**52,75**
Dänemark	18	74	16	23	–	
Portugal	63	27	31	104	–	**47,00**
Dänemark	18	74	16	23	–	
Portugal	63	27	31	104	–	**46,00**
Irland	28	70	68	35	–	
Griechenland	60	35	57	112	–	**50,00**
Schweden	31	71	5	29	33	
Portugal	63	27	31	104	–	**48,50**
Großbritannien	35	89	66	35	25	

	PDI	IDV	MAS	UAI	LTO	Diff.
Konfuzianismus						
Südkorea	60	18	39	85	75	**25,80**
Singapur	74	20	48	08	48	
Islam						
Malaysia	104	26	50	36	–	**25,75**
Türkei	66	37	45	85	–	
Lateinamerika						
Guatemala	95	6	37	101	–	**30,00**
Argentinien	49	46	56	86	–	

Länder mit ähnlichen Wertprofilen in unterschiedlichen Kulturen

	PDI	IDV	MAS	UAI	LTO
Malaysia	104	26	50	36	–
Philippinen	94	32	64	44	19
Südafrika	49	65	63	49	–
Schweiz	34	68	70	58	–
Deutschland (BRD)	35	67	66	65	31
Indonesien	78	14	46	48	–
West-Afrika	77	20	46	54	–
Ost-Afrika	64	27	41	52	–
Thailand	64	20	34	64	56
Ost-Afrika	64	27	41	52	–
Taiwan	58	17	45	69	87
arabische Staaten	80	38	53	68	–
Mexiko	81	30	69	82	–
Pakistan	55	14	50	70	0
Peru	64	16	42	87	–
Pakistan	55	14	50	70	0
Kolumbien	67	13	64	80	–
Brasilien	69	38	49	76	65
Türkei	66	37	45	85	–

	PDI	IDV	MAS	UAI	LTO
Südkorea	60	18	39	85	75
Peru	64	16	42	87	–
El Salvador	66	19	40	94	–
Chile	63	23	28	86	–
Jugoslawien	76	27	21	88	–
Portugal	63	27	31	104	–
Uruguay	61	36	38	100	–
Argentinien	49	46	56	86	–
Spanien	57	51	42	86	–
Portugal	63	27	31	104	–
Türkei	66	37	45	85	–
Portugal	63	27	31	104	–
Südkorea	60	18	39	85	75

Postmaterialismus in 40 Ländern nach Bruttosozialprodukt

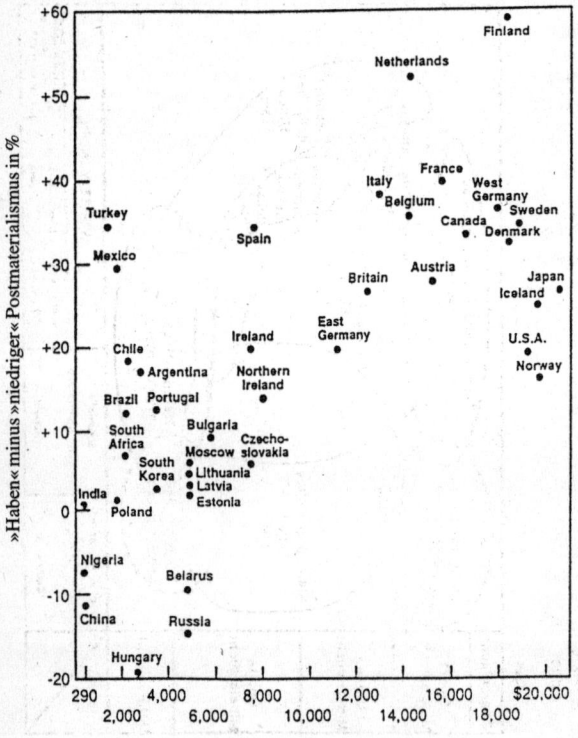

Weltweiter Wertewandel

Materialistische/Postmaterialistische Werte bezogen auf die wirtschaftliche Entwicklung in 40 Ländern.
Quelle: Inglehart/Abramson: Value Change in Global Perspective.
Michigan 1995.

Sozio-kulturelle Milieus in Deutschland

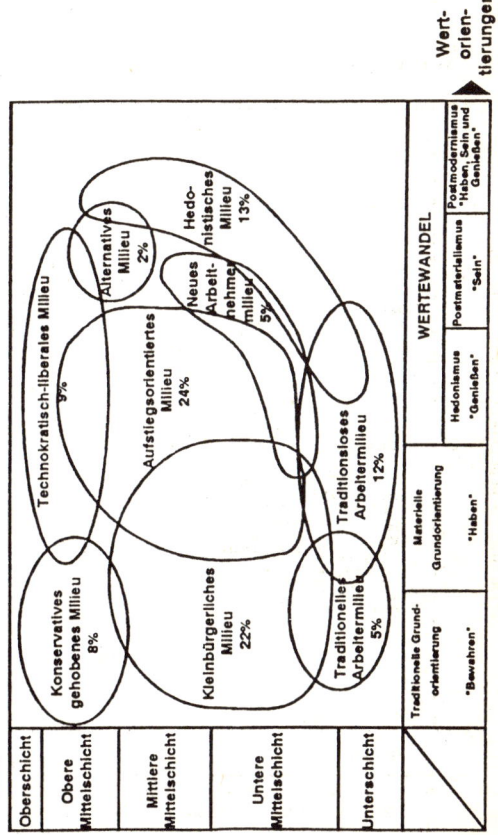

Quelle: Flaig/Meyer/Ueltzhöffer, 1993, S. 74